HERE WE GO!

일하는 삶이 궁금한 너에게

START!

지금
생각해야 할
진로만큼 중요한
노동 이야기

일하는 삶이 궁금한 너에게

김동희·서재민 지음 | **대안사회교사모임** 기획

곰곰

머리말

노동이 내게로 올 때

교사가 교실에 들어와 수업을 하고 나갈 때까지 고개 한번 들지 않고 엎드려 있는 학생, 잠자는 걸 깨우면 세상만사 다 귀찮다는 표정으로 쳐다보는 학생, 깨어는 있으나 머릿속으로 무슨 생각을 하는지 알 수 없는 학생, 사회 수업 시간인데 다른 과목 문제집을 풀고 있는 학생…… 이런 모습을 보면 때론 교사로서 자괴감이 듭니다.

'지금 여긴 어디? 나는 무엇을 하고 있는 걸까?'

어떻게 하면 학생 한 명이라도 더 붙들어 수업에 참여시킬 수 있을까 갖은 고민을 하면서도 또 한편으로는 '그래, 비록 지금 저 학생들이 수업에 집중하지 않고 저마다 다른 일에 빠져 있지만, 그래도 사회 나가면 제 밥벌이는 하고 살 거야. 아무렴, 그렇고말고!'라는 생각으로 서운함을 달랩니다.

교과서에는 '노동'과 '노동자'에 관해 이렇게 적혀 있습니다. "노동자들의 권리는 법으로 보장하고 있고 기업가와 노동자는 상생해야 하며, 진로를 위해 꿈을 꾸고 노력하여 멋진 미래를 준비해야 한다."라고요. 물론 틀린 말은 아니지만 교실에서 교과서로 배우는 사회 이야기는 우리가 매일 살아가는 삶을 그대로 보여 주고 있지 못합니다. 그것이 못내 아쉬웠습니다.

'어떻게 하면 교과서에서 다루는 내용을 현실과 연결 지어 학생들이 나의 이야기, 우리의 이야기로 받아들이게 할 수 있을까?' 이런 고민의 시작이 어느새 노동에 대한 책을 쓰는 데까지 이르렀습니다. 노동 전문가가 아니기 때문에 책을 쓰는 것이 쉽지는 않았지만, 노동에 관해 모든 걸 명쾌하게 말할 순 없을지라도 교사로서 전할 수 있는 게 있지 않을까 하는 용기를 가지고, 그간 수업 진도에 쫓겨서 혹은 시험에 나오지 않는다는 이유로 미처 교실에서 다루지 못한 이야기들을 풀어냈습니다.

1장은 "인간은 왜 노동을 해야 하는가?"라는 질문으로 시작해 노동의 역사를 다룹니다. 2장과 3장에서는 법으로 보장받는 노동자의 권리와 청소년 노동에 대해 살펴보며 법과 현실의 간극을 말해 보려 했습니다. 4장과 5장에서는 현실에서 노동자들이 맞닥뜨리는 불안정한 노동 환경과 노동에서 소외된 이들의 삶을 이야기합니다. 6장에서는 좋은 일자리와 꺼려지는 일자리가 생기는 이유를 짚어 보았고 7장에서는 미래 사회의 일자리 변화와 그에 따른 대비책을 전망해 보았습니다. 마지막 8장에서는 노동하는 사람들이 행복해지기 위해 필요한 사회적 조건이 무엇인지를 생각해 보았습니다.

여러분이 '노동'을 어른들의 이야기, 자신과는 상관없는 머나먼 이야기가 아니라 학교에서, 집에서, 주변에서 가족, 친구, 선생님과 얼마든지 이야기 나눌 수 있는 대화의 소재로 여긴다면 더할 나위 없이 기쁘겠습니다. 그러나 노동의 현실을 다루다 보니 비정규직, 산업 재해, 실업, 저임금, 차별 등 불편하고 어두운 내용도 담기게 되었습니다. 그래서 혹여 여러분들이 노동 이야기로부터 뒷걸음질 치게 만들지는 않을까 걱정도 앞섭니다. 그렇지만 세상의 어두운 면이 외면한다고 해서 사라지지 않듯 여러분이 오히려 현실의 여러 문제를 직시하여 와글와글 목소리를 냈으면 하는 바람이 큽니다. 그 목소리들이 사람들의 실천을 만들어 내고 그러한 실천이 우리 사회를 바꿔 간다는 것을 역사로부터 배웠으니까요.

두 명의 교사가 책을 썼지만 글을 쓸 수 있는 원동력을 제공한 곳은 다름 아닌 대안사회교사모임입니다. 오랫동안 수업에 대한 고민, 교육에 대한 고민을 여러 선생님과 배우고 나눈 결실이 한

권의 책으로 탄생했습니다. 대안사회교사모임의 선생님들께 깊은 감사를 전합니다. 또한 부족한 원고를 꼼꼼히 검토해 주시고 날카로운 조언으로 놓쳤던 부분을 채울 수 있도록 도움을 주신 휴머니스트 이여경 편집자님께 감사의 인사를 전합니다.

마지막으로 여러분이 사회에서 즐겁게 밥벌이를 할 수 있는 안전하고 행복한 노동 환경이 조성되기를, 우리 모두의 노동이 존중되는 사회가 되기를 함께 꿈꿔 봅니다.

차례

STAGE 1

노동 없는 오늘은 없습니다

노동의 의미,
자본주의 경제 체제, 노동 윤리

노동, 꼭 해야 하나요?

여러분의 아침은 어떻게 시작되나요? 졸린 눈을 비비며 일어나 기지개를 켭니다. 가족들도 모두 아침 식사를 차리거나 외출 준비로 바쁜 아침을 보냅니다. 창밖으로 보이는 길 위의 사람들도 저마다의 목적지를 향해 발걸음을 재촉합니다. 집이나 거리에서 분주한 아침을 보내는 사람들은 어떤가요? 즐겁고 기운찬 표정도 있지만, 피곤한 몸을 이끌며 애써 정신을 맑게 하려는 모습이 엿보이기도 할 거예요.

대부분의 현대인들은 일을 하기 위해 분주하게 아침을 보냅니다. 그렇게 하루를 시작한 사람들은 온종일 노동을 하고 해 질 녘에야 귀가하죠. 가만히 생각해 봅니다. 왜 사람들은 그토록 바쁜 하루를 보내야 할까? 왜 사람들의 하루는 일, 즉 노동으로 꽉 차

출근하는 사람들로 북적이는 지하철

있을까?

노동은 '사람이 생존과 생활을 위하여 특정한 대상에게 육체적·정신적으로 행하는 활동'[1]이라고 정의할 수 있습니다. 그러니 땅을 경작해 농작물을 키우고, 농작물로 음식을 만들어 먹고, 여러 재료로 생활에 필요한 물건을 만들고 튼튼한 집을 짓는 등의 행위가 모두 노동에 해당합니다. 이처럼 노동은 인간이 생명을 유지하는 데 꼭 필요한 활동이기에 인류의 역사가 곧 노동의 역사라고도 말할 수 있을 거예요.

그런데 우리가 사는 현대 사회는 전 세계 인구가 먹고도 남을 음식이 만들어지고, 먹다 남기거나 유통 기한이 지난 많은 음식물이 쓰레기로 버려지는 세상입니다. 그리고 당장의 생존을 위한 노동보다는, 삶을 더 풍요롭고 편리하게 해 줄 '상품 생산 노동'과 '서비스 노동'이 주로 행해지고 있기도 하고요. 게다가 미래에는 기술 발전으로 기계와 인공 지능이 사람의 일자리를 대체할 거라는 이야기도 나오고 있어요. '이런 시대에 굳이 노동을 해야 하나? 노동을 최소한으로 하거나 아예 없앨 수도 있지 않을까?' 이런 생각이 들지 않나요?

'노동'이라고 하면 왠지 꺼려지는 일이라는 생각과 함께 부정적 이미지가 떠오를 수 있어요. 실제로 노동의 어원을 보면, 이 말이 갖는 부정적 어감이 단지 느낌만은 아니었다는 걸 알 수 있는데요. 라틴어에서 유래한 영어의 labor, 고대 그리스어 ponos, 프랑스어 travailes, 독일어 Arbeit는 모두 '고통'과 '수고'를 의미합니다.[2] 한자어 勞動도 '애써서 힘을 들이는 활동'이라는 의미고요. 노동의 어원이 '고통'을 뜻한다는 건, 과거 대부분의 사회에서 노동이 특정 사람들에게 강요된 힘든 행위였다는 사실을 말해 줍니다. 인류의 수많은 공동체에서 그 사회의 유지에 필요한 노동은 피지배 계층, 즉 노예, 농노(농사짓는 노예), 피정복민이 도맡아 했지요.

오늘날은 신분 제도가 폐지되어 누구나 자유를 누리는 세상입니다. 그렇다면 이제는 최소한의 노동만 하며 여유를 즐기는 삶을 살아도 될 것만 같습니다. 그런데 실제로는 과거보다 더 많은 사람이, 더 오랜 시간을 노동하면서 하루를 보냅니다. 심지어 노동을 하다가 질병에 걸리고, 사고와 과로로 죽음을 맞는 일이 매일같이 일어나고 있습니다. 왜 이런 걸까요?

그 의문을 풀기 위해서는 200여 년 전 유럽에서 시작해 현재 전 세계로 확장된 경제 체제인 '자본주의 시장 경제'에 대한 이해가 필요합니다. '자본주의'란 재물(資)이 근본(本)이 된다는 뜻으로, 자본주의 사회는 돈이 주인이 되는 세상, 돈이 시장에서 자유롭게 거래되는 세상을 말합니다. 여기서 중요한 것은 각종 식량이나 재료만이 아니라 사람의 '노동력'도 자본의 팽창을 위해 상품으로 거래된다는 사실입니다.

농경과 목축 등 자연으로부터 직접 식량을 얻는 노동을 하거나 귀족과 지주 등 지배 계급에 신분적으로 예속되어 그들에게 필요한 식량과 물품을 생산했던 이전 시대의 사람들과는 완전히 다른 세상을 살게 된 것이죠. 즉 자본주의 사회로 접어들면서 사람들은 신분제의 속박에서 벗어나 자유를 얻었습니다. 그런데 이 자유는 두 가지 상반된 의미를 갖습니다. 사람들은 자유로운 인격체로서 자신의 노동력을 상품으로 내놓을 수 있게 되었지만, 다른 한편으로는 노동력 이외에는 판매할 다른 상품을 가지고 있지 않을 뿐 아니라 자신의 노동력을 실현하는 데 필요한 모든 물건으로부터도 분리[3](free of)되었습니다. 이제 사람들은 자신의 능력을 시장에서 자유롭게 매매할 수 있지만, 동시에 자신의 노동력을 내다 팔지 않고서는 살 수 없게 되었죠.

사람들은 자신의 '노동'을 하나의 상품으로 시장에 내다 팔고, 여기서 얻은 임금(소득)으로 다시 상품을 구입해 생활합니다. 그런데 자본주의 사회에서는 자본(가)에 의해 원치 않는 노동을 강요받기도 합니다. 더 많은 생산이 경제 행위의 목적이 되는 세상에서 노동자는 더 긴 시간을, 더 저렴한 임금으로 일해야 하는 상황으로 내몰리게 된 것이죠. 노동력을 제공하는 것 외에는 삶을 살아가는 다른 수단이 없는 노동자 개개인은 어쩔 수 없이 이러한 부당한 노동 조건도 감내해야 합니다.

'역시 노동은 안 하는 게 좋겠어.' 하는 생각이 드나요? 그렇지만 노동은 인간이 생활을 영위하기 위해 꼭 필요한 일이자 중요한 의미를 갖는 일입니다. 우리가 누리는 풍요로움이 누군가의 노동에 기대고 있고, 현재도 수많은 사람이 노동을 통해 삶을 꾸려 가고 있죠. 우리 삶과 떼어 놓을 수 없는 것이기에 노동이 우리에게 어떤 의미를 갖는지도 고민해 봐야 합니다.

앞으로 우리는 임금이나 수익 등 경제적 보상이 많든 적든, 사회적으로 인정받든 인정받지 못하든, 각각의 노동이 어떤 의미를 갖는지를 알아보고 우리 사회의 다양한 노동 현상과 이를 둘러 싼 여러 가지 문제점을 들여다볼 것입니다. 그리고 그런 문제들을 해결하기 위해 우리가 어떤 질문을 던져야 할지도 함께 생각해 볼 거예요.

세상의 풍요로움은 어디에서 비롯될까요?

1492년 이탈리아의 상인이자 탐험가인 콜럼버스가 탄 항해선이 대서양을 횡단하여 서인도 제도에 도착합니다. 유럽인들은 이미 수십 년 전부터 아프리카 곳곳의 해안가에 배를 대곤 했지요. 인도, 중국을 포함한 아시아 지역의 수출품인 향료, 비단, 보석 등은 유럽 상인들이 특히 탐내는 무역품이었습니다. 그러나 십자군 전쟁◎ 이후 지중해를 통한 동방 무역의 길목이 막히게 됩니다. 유럽 상인들은 동방과 직접 무역을 할 수 있는 새 항로를 개척하고자 모색합니다. 이른바 '대항해 시대'가 열리게 된 것이죠. 유럽 상인

◎ **11세기 말에서 13세기 말 사이에 서유럽의 그리스도교도들이 팔레스타인과 예루살렘을 이슬람교도로부터 되찾기 위해 일으킨 대원정**

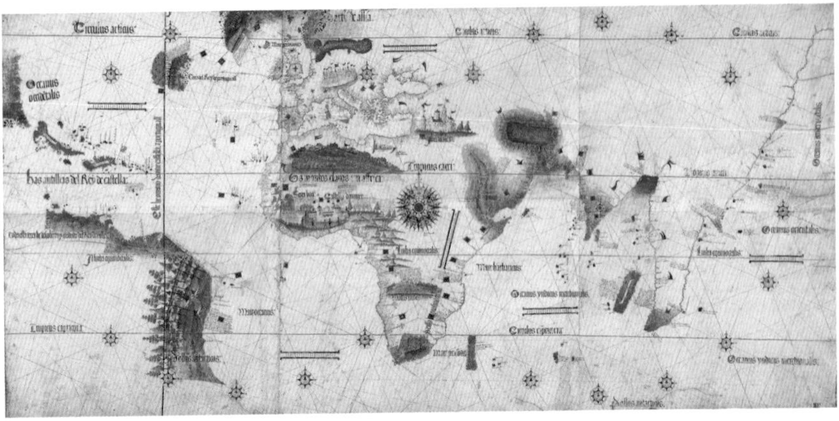

1502년에 제작된 칸티노 세계지도. 포르투갈의 현존하는 가장 오래된 지도로, 대항해 시대의 정보가 담겨 있다. 중앙의 유럽과 아프리카는 자세히 묘사되어 있지만, 양쪽의 동아시아와 아메리카 대륙은 미완으로 남아 있는 것을 볼 수 있다.

들이 탄 배는 아프리카 해안가를 따라 내려가다가 최남단(희망봉)을 돌아 인도양을 거쳐 아시아에 닿았고, 이전까지 유럽과 아시아에 전혀 알려지지 않았던 땅인 아메리카 대륙에도 가닿게 됩니다. 지구가 태양 주위를 돌고 있다고 주장한 지동설이 제기되는 등 천문학이 발달하고 있었고 여기에 망망대해를 오갈 수 있는 항해술의 발달이 더해졌기에 가능한 일이었어요.

이제 본격적으로 유럽의 군인과 선교사, 상인을 실은 배가 줄기차게 아메리카와 아프리카에 닿기 시작합니다. 유럽인들은 그 광활한 땅의 이곳저곳에 식민지를 건설하고, 세 대륙을 잇는 '삼각 무역'을 펼칩니다. 이 삼각 무역을 통해 유럽은 막대한 부를 끌어모으는데, 그 흐름을 보면 이렇습니다. 유럽에서 생산한 면직물, 무기, 화약 등이 아프리카로 향하여 유럽의 식민지에서 판매됩니다. 의복 등 생활용품의 재료가 되는 면직물뿐 아니라 무기가 수출품이 되기도 했는데요. 이는 유럽인 식민지 관리자를 위한 것이기도 했지만, 아프리카 부족 사이의 전쟁을 위한 것이기도 했습니다. 유럽의 무역 상인은 이런 방식으로 얻은 수익으로 아프리카의 흑인 노예를 구입했어요. 식민지의 지배자가 소유한 노예뿐 아니라 전쟁에서 패배한 부족의 사람들이 전쟁 포로이자 노예로서 배에 오르게 되는 거죠. 노예를 실은 배는 이제 아메리카로 향하고, 아메리카 원주민과 아프리카 출신의 노예는 농경지, 광산 등에서 고된 노동을 합니다. 이들의 노동을 통해 생산된 각종 농작물과 설탕, 금과 은을 실은 배는 다시 유럽으로 향합니다. 유럽은 두 대륙의 사람과 자연으로부터 노동력과 생산물, 그리고 천연자원을 200년 넘게 흡수했죠.

이렇게 흡수한 풍부한 자원과 노동력에 기초한 자본을 발판 삼아 유럽은 또 한 번의 큰 변화를 만들어 냅니다. 바로 18세기 중엽 영국에서 일어난 산업 혁명입니다. 면방적기, 증기기관, 제철기계 등 동력에 의해 작동하는 기계가 발명되면서, 상품의 대량생산을 가능케 한 기계제 대공업이 등장한 것이죠. 그리하여 유럽은 전례 없는 풍요를 누리게 됩니다. 이 풍요는 이후 전 세계적으로 자본주의가 발달하고 번영하는 밑바탕이 되었고요. 수천 년 동안 세계 인구가 1억 명으로 유지되다가 지난 200년 사이 80억 명으로 급증한 사실이 산업 혁명이 인류에 미친 영향력을 단적으로 보여 줍니다.

당시 학자들은 이 물질적 풍요가 어디서 비롯됐는지 궁금했고, 그래서 다양한 연구가 이뤄졌어요. 흔히 "경제학의 아버지"라 불리는 영국의 애덤 스미스(1723~1790)는 부의 원천이 인간의 노동이라는 '노동가치론'을 정립했습니다. 그는 한 상품의 가치(교환가치)는 결국 그 상품을 만드는 데 들어간 노동력이 결정한다고 보았죠. 그러나 스미스는 자본주의 사회에서는 노동뿐 아니라 토지나 자본도 부의 원천이 될 수 있다면서 자신의 '노동가치론'에 반하는 논리를 펼치기도 했습니다. 지주의 토지와 자본가의 자본도 가치를 만들어 내는 원천이라고 본 거죠. 스미스는 노동, 토지, 자본을 투입해 생겨난 부에 대한 대가로 각각 임금, 지대, 이윤을 보상받는다고 주장했습니다. 이를 '생산의 3요소'라고 하는데, 이것이 현재까지 주류 경제학의 기본 전제로 이어져 오고 있습니다.

스미스의 주장은 자본주의 발전에 중요한 기여를 했습니다. 노동뿐 아니라 자본과 토지도 가치를 창출한다는 주장은, 더 큰 이윤을 위해 노동력을 최대로 이용하려는 자본가에게 유리한 논리

주류 경제학의 '생산의 3요소론'

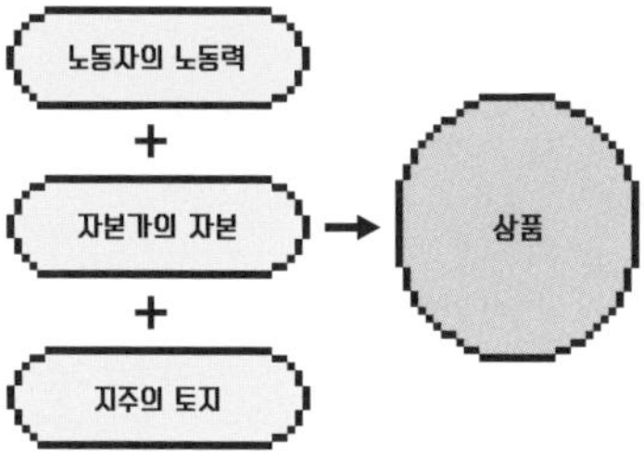

로 활용되었죠. 3장에서 자세히 살펴보겠지만, 자본주의 초기에 노동자들은 높은 강도의 장시간 노동에 시달리면서도 자신들이 제공한 노동력에 대해 정당한 대가를 받지 못했습니다.

그 후 애덤 스미스로 대표되는 주류경제학의 주장을 강하게 비판하면서, 노동의 고유한 가치를 되살리려 한 인물이 있습니다. 바로 카를 마르크스(1818~1883)입니다. 청년 시절 그는 정부에 비판적인 글을 발표했다는 이유로 프랑스와 벨기에 등에서 망명 생활을 해야 했습니다. 그러다 다른 어느 국가보다도 자본주의가 발달한, 동시에 자본주의 체제의 문제가 적나라하게 드러나는 영국에 정착하게 됩니다. 마르크스는 영국의 공장에서 고된 노동에 시달리던 사람들의 아픔을 가까이서 목격하는데요, 영국 맨체스터 대공장주의 아들이자 자신의 평생 친구였던 프리드리히 엥겔스(1820~1895)의 도움이 컸습니다. 엥겔스는 공장을 경영하는 것보

마르크스의 '잉여 가치론'

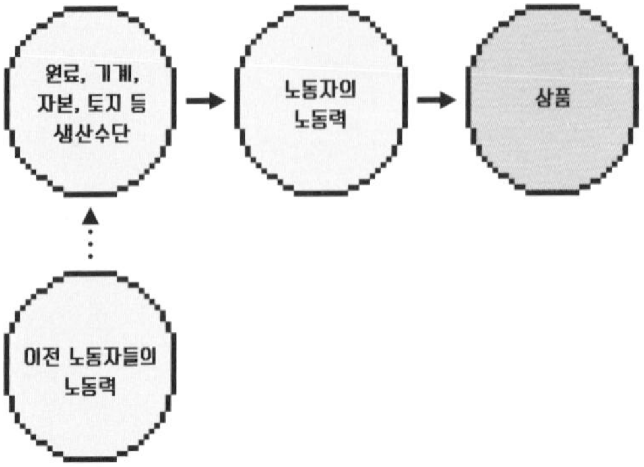

다 영국 노동자의 처참한 노동 실태를 가까이에서 들여다보고 세상에 드러내는 연구에 더 관심이 있었어요.

마르크스는 애덤 스미스 이후 경제학에서 그 중요성이 축소되었던 '노동의 가치'에 대해 다시 고찰합니다. 그는 원료, 기계 등 각종 생산 수단을 바탕으로 최종 상품을 만들어 내는 건 결국 '노동자의 손'이라는 것을 이론적으로 증명합니다. 노동자는 자본가에게 고용되어 생산 과정에 참여하면서 자신의 생계를 유지하게 해 주는 가치(임금)에 더해, 자본가의 이윤이 되는 '잉여 가치'를 생산한다는 것입니다. 마르크스는 상품의 가치가 나중에 누구에게 분배되든 간에 그것은 모두 노동자에 의해 창출된 가치라고 봤습니다.

스마트폰을 예로 들어 이야기해 볼까요? "스마트폰을 누가 만들었을까?"라고 하면, 흔히 스티브 잡스와 같은 혁신적 기업가나 디자이너, 터치스크린 기술을 개발한 공학자를 떠올릴 거예요. 이들이 스마트폰의 탄생에 큰 역할을 했다는 사실은 분명합니다. 하지만 반도체, 스크린, 배터리 등 스마트폰을 구성하는 여러 부품을 제작하고 또 조립하는 사람이 없다면 스마트폰은 탄생할 수 없습니다. 부품 제작에 쓰이는 원료들도 앞서 누군가의 노동력의 산물이고요. 즉 스마트폰 화면 뒤에는 아프리카의 칠흑 같은 광산에서 일하는 채굴 노동자와 개발 도상국 제조 공장 노동자의 땀이 아른거리고 있습니다.

'세상의 부가 어디서 비롯될까?'에 대한 이 같은 논의는 노동에 대한 생각을 더 복잡하게 만듭니다. 무엇이 부의 원천이라고 판단하느냐에 따라 노동을 바라보는 관점이 완전히 달라지기 때문이에요. 노동이 세상을 풍요롭게 하는 가장 중요한 원천이라고 생각할 경우, 노동을 소중히 여기며 그에 대해 존중을 표하게 되고요. 반대의 경우 노동은 어떻게든 피하고 싶은 하찮은 행위라는 생각을 떨치기 어려워지죠. 그렇지만 스미스든 마르크스든 어느 학자의 관점에서 보더라도 노동은 우리가 누리는 물질적 풍요의 중요한 원천입니다. 유럽에서 시작되어 현재 전 세계가 누리는 풍요도 대항해 시대 이후에 이뤄진 아프리카와 아메리카 사람들의 고된 노동을 바탕으로 하고 있고요.

주변에 있는 물건들을 한번 둘러볼까요? 책, 의자, 시계, 컴퓨터……. 이 상품들이 지금 내 앞에 오기까지 거쳐 온 수많은 노동이 떠오르지 않나요? 오늘날에는 '서비스'(용역)라는 무형의 가치를 만드는 노동도 있습니다. 여러분이 아침에 일어나 외출 준비를 할 때 밥을 차려 주거나 깨끗이 세탁한 옷을 입게 해 주는 다른 가족의 가사 노동이 바로 그런 서비스 노동이지요. 목적지까지 편하고 안전하게 이동할 수 있도록 해 주는 버스 기사님의 운송 노동, 학교 선생님들의 교육 노동, 또 IT 기업에서 만드는, 생활을 편리하게 해 주는 각종 애플리케이션도 서비스 노동의 산물입니다.

이처럼 우리는 수많은 사람의 다양한 노동에 둘러싸여 살아갑니다. 어떤 형태의 노동이건, 사회적으로 존중받건 존중받지 못하건, 모든 노동은 우리 삶을 풍요롭게 하는 중요한 활동인 것입니다.

노동 행위가 그 자체로 의미가 있다고요?

친구들과 대형 쇼핑몰에 가 본 적 있죠? 최첨단 기술이 구현된 태블릿피시, 알록달록하고 달콤한 과자, 멋진 디자인의 재킷 등 매력적인 상품과 서비스가 우리를 맞이합니다. 그 앞에서 우리는 생각합니다. '저것을 다 가지면 얼마나 행복할까?' 하지만 다시 잘 생각해 보세요. 저걸 갖지 않는다 해도 별 불편함은 없는데 신상품이어서 혹은 친구들에게 주목받을 수 있어서 충동적으로 사고 싶은 건 아닐까요? 자신을 구입해 달라고 유혹하는 온갖 물건을 보며 우리는 더 많은 상품과 서비스를 누리고자 하는 욕망을 느낍니다. 더 많은 상품의 생산, 더 많은 소비가 미덕인 자본주의 세상이니까요.

일터에서 열심히 상품과 서비스를 생산하고 제공한 노동자는 퇴근 후에는 그 상품과 서비스를 구매하는 소비자가 됩니다. 매력적인 상품들을 보며 노동자는 더 많은 돈을 벌고 싶다고 생각하게 될 겁니다. 단지 생계를 유지하는 정도를 넘어 더 많은 상품을 갖고 더 만족스러운 서비스를 누리려면 충분한 돈이 있어야 하니까요. 이를 위해 노동자는 자신에게 부여되는 노동이 힘들어도 견딥니다. 누군가의 강제에 의해서가 아니라 풍요로운 생활을 위해 자발적이고 적극적으로 노동을 하려는 것이죠.

한편으로 이런 상황은 어떤가요? 어느 날 평생을 써도 남을 정도인 거액의 복권에 당첨됩니다. 여러분은 직장을 계속 다닐 건가요? 아니면, 바로 일을 그만두고 마음껏 돈을 쓰며 지내고 싶은가요? 당연히 후자를 선택할 거라고요? 당연한 걸 왜 묻느냐고요? 의외로 모두가 항상 그렇게 결정하지는 않습니다. 원하는 건 모두 살 수 있는 막대한 재산을 가진 사람들이 계속해서 일을 한다거나 안정된 노후 대비를 한 은퇴자가 소일거리를 찾아 나서는 것을 보면 알 수 있죠. 노동이 단지 생계를 위해, 더 많은 재산을 쌓고 소비하기 위해서만 행해지는 건 아니라는 이야기죠.

사회학자 막스 베버(1864~1920)는 인간의 노동에 대한 의지를 '노동 윤리'의 관점에서 파악했어요. 그는 16세기 유럽에서 종교 개혁®으로 탄생한 프로테스탄트(개신교) 교리와 자본주의 사회의 노동 행위 간의 관련성을 연구했는데요. 그는 당시에 프로테스탄트

로의 개종은 단지 기독교의 한 분파로 갈라서는 게 아니라 삶을 대하는 태도가 달라지는 것이라고 봤어요. 이전까지는 사제, 교황 등 성직자가 신의 대리자로서 신과 신도들을 매개했던 반면, 프로테스탄트 신도는 누구나 동등한 신의 피조물로서 직접 성경을 읽고 해석하며 신앙생활을 할 수 있습니다. 동시에 근검절약하고 성실하게 일하는 금욕주의가 중요한 삶의 태도로 자리 잡게 됩니다. 무엇보다도, 금욕하며 성실히 일해서 축적한 부는 신의 은총이자 구원을 증명하는 징표가 되었죠. 그래서 자신이 하는 노동을 '천직', 즉 하늘에서 내린 직업으로 받아들이게 되고, 신도는 자신에게 주어진 노동을 잘 수행하면 신으로부터 구원받을 수 있다고 생각하게 됩니다.

이는 사람들이 하나의 '소명(calling)'으로서 노동을 하게 되었다는 걸 의미하는데요. 베버는 이러한 개인의 노동 윤리가 자본주의의 급격한 발전을 가져왔다고 분석했습니다. 실제로 프로테스탄트 신도의 비율이 높았던 영국과 미국에서 자본주의가 더 빠르게 발전한 이유 중 하나로 그 점을 지적하기도 하고요. 세상의 풍요로움 그 밑바탕에 '노동'이 있다는 사실을 다시 떠올려 볼까요? 사람들이 자신에게 맡겨진 일을 충실히 해내려는 마음 덕분에,

◎ 16세기에 부패한 로마 가톨릭의 쇄신을 요구하며 등장한 개혁 운동

목공소에서 일하는 목수의 모습

그리고 그 노동 행위들이 모여서 사회 전체에 거대한 부가 창출될 수 있었던 것입니다.

메모장이나 일기장에 다짐을 적어 본 적 있나요? 어떤 다짐의 말을 적어 봤나요? 자신이 정한 원칙을 성실하고 꾸준하게 지키겠다는 다짐도 적어 봤을 거예요. 많은 사람이 그런 다짐을 노동 영역에서 실현하고자 합니다. 자신의 능력을 발휘하여 더 좋은 결과물을 만드는 등 성취를 이루기 위해서죠. 종교적 차원이 아니더라도, 노동에 좀 더 적극적 의미를 부여하는 사람들을 우리 주변에서 만날 수 있습니다. 주어진 범위를 넘어 더 열심히 일하며 직업 생활의 의미를 찾고 몰입하는 사람들이 있죠. 이처럼 사람들에게 노동은 단지 밥벌이가 아니라 소중한 자아실현의 통로이거나 삶의 소명을 지키는 시간일 수 있습니다.

여기, 어린 시절의 가난을 극복하고 대스타가 된 가수가 있습니다. 최첨단 시설을 갖춘 넓고 고급스러운 집, 건강한 먹거리와 화려한 옷, 평생 꾸준히 이어질 음원 수입이 있지요. 그럼에도 이 가수는 계속해서 신체를 관리하고 노래 연습을 해 무대에 오릅니다. 사람들이 자신의 노래를 흥얼거릴 때, 무대에서 팬들을 마주할 때 가장 행복하다는 걸 알기 때문이죠. 화려한 무대 위의 가수가 아니더라도, 자신이 가장 잘 해낼 수 있는 노동을 하는 건 삶의 에너지가 됩니다. 노동이 '고통'이 아니라 나의 현재, 그리고 미래에까지 영향을 미치는 소중한 활동일 수 있는 이유입니다.

그렇지만 노동을 왜 하는지, 꼭 해야 하는 건지, 안 해도 되는 건지 여전히 질문은 남습니다. '과연 나는 노동을 하고 싶은가' 하는 의문도 들 거예요. 살아가면서 마주하게 되는 수많은 노동이 과연 어떤 의미를 갖는지 혼란스러울 때도 있을 거고요.

사실 노동을 바라보는 관점은 오랜 역사와 학문적 연구, 당대의 사회적 요인이 복합적으로 영향을 미쳐 형성됩니다. 그러므로 노동을 둘러싸고 역사 속에서 어떤 연구와 주장, 논의가 펼쳐졌는지 이해할 필요가 있습니다. 그 이해를 바탕으로 과연 나는 어떤 노동을 하고 싶은지 생각해 보면 좋겠어요.

'동학개미 운동'이 놓친 동학 농민 운동의 정신

자본은 덩어리가 커질수록 유리합니다. 눈사람을 만들 때를 떠올려 볼까요? 주먹 크기의 눈덩이를 굴리는 사람보다 농구공만 한 눈덩이를 굴리는 사람이 더 빨리 눈사람을 만들 수 있겠죠. 주식 시장에서도 개인 투자자보다는 더 많은 정보와 자본을 가진 거대 기업과 기관이 투자의 흐름을 주도할 가능성이 높습니다. 그런데 최근 이런 거대 기관과 자본에 대항하여, 개인 투자자들이 힘을 합쳐 정보를 교환하고 투자 흐름을 주도하려는 시도가 이뤄지고 있어요. 이를 두고 '동학 개미 운동'이라는 별칭을 붙였다고 하네요. 주식 시장의 소규모 개인 투자자를 비유하는 말인 '개미'를 조선 시대에 억압 체제에 대항했던 '동학 농민 운동'에 갖다 붙인 말입니다.

현재 우리나라에서 800만 명 넘는 사람들이 주식 투자를 한다고 해요. 여유 자금으로 투자를 하는 사람들도 있지만, 상당수는 소액으로 다달이 월급을 모아 투자에 나섭니다. 심지어 은행 적금과 주택 청약 저축을 해지하거나 신용 대출을 받은 돈으로 주식 투자를 하는 사람도 있어요. 사람들이 이렇게 주식 시장으로 몰려가는 건 경제적 불안과 상대적 박탈감이 크게 작용한 탓으로 볼 수 있습니다. 단적인 예로 2020년 서울의 25평 아파트 한 채를 사려면, 2020년 노동자 임금 평균을 기준으로 36년을 모아야 한다는데요.[4] 이런 현실에서 임금 노동으로는 주거 안정을 보장받지 못할 거라는 불안 심리를 갖게 된 사람들이 더 공격적으로 주식 투자에 나서는 것이죠.

그런데 개미 투자자들의 주식 투자도 노동으로 볼 수 있을까요? 노동에 해당하지 않습니다. 이는 개인이 '자본가'로서 참여하는 '투자' 활동입니다. 경기 변동, 기업과 산업의 성장률 등을 예측해 자신이 가진 자본을 투자하여 불로 소득(노동의 대가로 얻는 임금이나 보수 이외의 소득)을 얻으려는 활동인 것이죠. 다만 주식 투자와 관련된 정보를 모아 투자자에게 제공한다거나 투자 정보를 한눈에 볼 수 있는 편리한 앱을 개발하는 등 효과적인 투자를 돕는 서비스를 제공하는 활동은 노동으로 볼 수 있겠네요.

1894년에 일어난 동학 농민 운동은 조선의 피지배 계급이 제국주의와 봉건제 등 지배 계급의 압력에 맞서 싸운 민중 투쟁입니다. 누구나 인간으로서 존중받는 세상을 꿈꾼 사람들이 들고일어난 역사적 사건이지요. 자유롭고 평등한 자치 공동체 '집강소'는 조선 사회의 밑바닥 노동을 담당하는 천민과 농민 모두를 존중해 준 꿈같은 공간이었습니다. 그러나 이 운동은 조선 관군과 일본군에 의해 동학 농민군 수천 명이 몰살되면서 얼마 안 가 끝이 납니다.

노동에 대한 존중과 모든 인간의 존엄성을 외친 동학 농민 운동. 이 운동과 불로 소득의 수익률을 높이기 위해 모인 개인 투자자는 공통분모가 전혀 없지요. 그럼에도 단지 내국인들이 서로 정보를 공유하며 투자를 주도한다는 측면만 보고 이 현상을 '동학 개미 운동'이라 부르는 건, 동학 농민 운동의 숭고한 정신에 대한 예의가 아니라는 생각이 들기도 합니다. '모든 사람이 곧 하늘(人乃天)'이라는 동학 농민 운동의 정신을 살리는 발걸음은 우리 사회에서 천시되고 소외받는 노동이 존중받는 사회를 만드는 것 아닐까요? 자신의 성실한 노동만으로도 주거 안정 등 인간다운 생활을 누릴 수 있는 사회를 함께 만들어가는 게 동학 농민 운동의 정신을 올바르게 계승하는 것이 아닐까 합니다.

STAGE 2

워라밸, 노동자 혼자 만드는 것이 아닙니다

근로 기준법, 휴식권,
남녀 고용 평등법

나의 월급은 어떻게 정해질까요?

대학 교수, 의사, 운전기사, 기자, PD, 식당 종업원, 경찰, 환경미화원, 편의점 아르바이트생, 아파트 경비원, 은행원, 마트 계산원, 판사, 콜센터 직원.

여러 직업을 나열했는데, 이 가운데 노동자는 누구일까요? 육체적으로 조금 힘든 일을 하는 사람이 노동자인 걸까요? 돈을 적게 버는 사람이 노동자인 걸까요? 선뜻 답하지 못하고 머뭇거리고 있지 않을까 싶은데요. 정답부터 말하면 모두 '노동자'입니다. 노동자는 '자신의 노동력을 제공한 대가로 임금을 받아 생활하는 사람'을 말하니까요.

이 문장을 더 자세히 풀어 볼까요? 노동력이란 단지 몸을 쓰는 육체노동만이 아니라 두뇌를 쓰는 정신노동이나 서비스업과 같이 타인의 요구에 맞춰 자신의 감정을 통제해 표현하는 감정 노동도 포함합니다. 자신의 노동력을 자본가(사용자)에게 제공한 대가로 받은 화폐를 임금(월급, 봉급)이라고 합니다. 그러니 회사든 작은 가게든 본인이 직접 운영하지 않고 누군가에게 고용되어 일을 하는 사람이라면 앞서 보았듯 의사도 운전기사도 다 노동자인 것입니다.

사실 노동자의 개념은 1장에서 살펴봤듯이 산업 혁명기에 자본주의의 발달과 함께, 즉 근대 이후에 등장한 것입니다. 한국 역시 1960년대에 공업이 발달하며 산업 구조가 크게 변했고, 공장에서 일하는 노동자가 늘어나게 되었습니다.

근대의 노동자들은 이전 시대의 농민(농노, 소작농)들이 영주나 지주에게 신분적으로 종속되던 것과 달리 자본가와 겉보기로는 대등한 계약 관계를 맺습니다. "나의 노동력을 당신에게 제공했으니 당신은 그에 대한 대가로 나에게 임금을 주시오."라고 요구할 수가 있지요. 그러나 현실에서는 한 명의 자본가와 한 명의 노동자가 완벽한 수평 관계라고 보기 어렵습니다. 노동자는 자본가에게 노동을 제공하지 않고는 달리 살아갈 방법이 없는 형편에 처한 사람이니까요.

그래서 경제적·사회적 약자인 노동자를 보호하기 위해 '근로기준법'이라는 것이 존재합니다. 헌법에서 인간의 존엄성이 보장받을 수 있도록 근로 조건을 법률로 정하도록 규정해 두었어요. 임금이나 근로 시간과 같은 기본 조건부터 휴식이나 근무 환경의

청소년(13~19세)의 직업 선택 요인

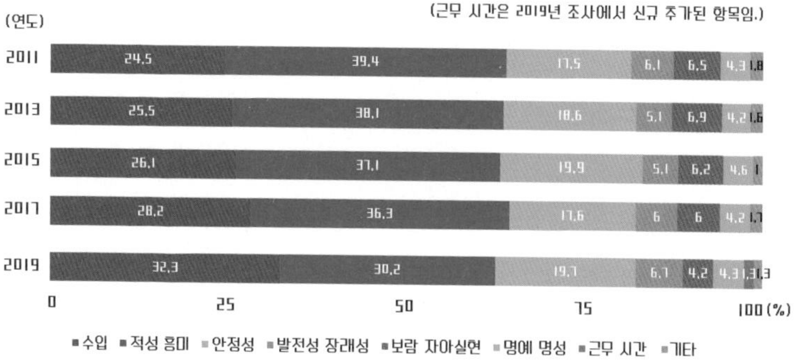

자료: 통계청, 〈사회조사〉

조건까지 법의 보호를 받을 수 있도록 말이죠. 근로 계약서를 작성할 때 계약서에는 임금 및 근로 조건 등을 정확하게 명시해야 하고, 임금 지급을 미루거나 근로 조건을 지키지 않았을 때 사용자는 법적 제재를 받을 수도 있습니다.

청소년들이 직업을 선택할 때 중요하게 생각하는 기준에는 자신의 적성과 소질, 능력도 있겠지만 수입 또한 빼놓을 수 없을 겁니다. 2019년 통계청 사회조사에 따르면 청소년들은 직업 선택에 있어 소득을 최우선 기준으로 꼽고 있었습니다. 누군가가 그 직업을 갖기 위해 얼마나 많은 시간과 노력을 들였는가, 그 일이 우리 사회에 기여하는 정도는 얼마인가, 그 사람의 지위가 직장 내에서 얼마만큼의 책임 있는 자리인가 등등에 따라 월급에 차이가 생기는 것에 대해 우리는 어느 정도 수긍하지요. 그러나 같은 일을 하더라도 고용 형태에 따라, 예를 들어 정규직이냐 비정규직이냐에 따라 임금이 달라지기도 하는데요, 그 격차가 상당히 큽니다.

2020년 통계청 자료에 따르면 임금 근로자의 근로 조건별 월 평균 임금이 정규직은 약 323만 원, 비정규직은 약 171만 원으로 150만 원 이상의 차이를 보였어요. 지난 10년간의 임금 격차를 보면 2011년 100만 원 정도였던 격차가 해마다 더 벌어지고 있음을 알 수 있죠. 이뿐 아니라 같은 직장에서 똑같은 일을 해도 정규직이냐 비정규직이냐에 따라 처우가 달라집니다.

물론 어느 나라에든 비정규직이나 한시적으로 일하는 기간제 노동자들은 존재합니다. 일을 하다 갑작스레 몸이 아파 몇 달 동안 쉬어야 한다든지 출산을 위해 휴직에 들어가면 하던 일을 누군가가 대신해야 하니까요. 그런데 임금 계산법이 우리나라와는 조금 다른 나라도 있어요. 예를 들어 덴마크에서는 비정규직이 정규직에 비해 연금이나 보험 등 복지 혜택이 적은 점을 고려해 오히려 더 높은 임금을 제공하여 불안정한 고용 상태를 보호해 줍니다. 스웨덴이나 네덜란드에서는 정규직이든 시간제 노동자이든 같은 업무를 하는 사람이면 임금에 차별을 두지 않는다고 해요. 여러분도 임금을 어떤 기준으로 책정하면 바람직할지 한번 생각해 보면 좋겠어요.

개인과 개인 사이에 법률관계를 맺을 때 적용되는 법을 민법이

정규직과 비정규직의 월평균 임금 격차

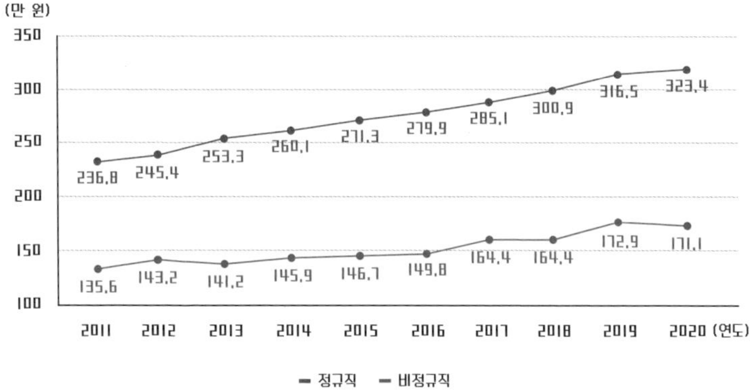

자료: 통계청

라고 하는데요, 민법에서는 개인 간의 자유로운 계약을 중요하게 여깁니다. 따라서 국가가 개인 간의 법률관계에 개입해서는 안 된다는 것을 강조하고 있고요. 사용자와 노동자가 합의하여 근로 계약서를 작성하고 그것에 근거하여 임금을 받는 것도 여기에 해당합니다. 그런데 임금과 관련해서는 개인 간의 영역에 국가가 개입하는 경우도 있습니다. 바로 최저 임금을 정할 때입니다.

한 사람의 노동자가 최소한의 인간다운 생활을 하기 위해서는 적정한 임금이 보장되어야 하지요. 국가는 국민의 행복추구권, 기본적 인권을 보호할 의무가 있고요. 그래서 최저 임금을 결정할 때만큼은 노동자를 고용한 측, 즉 사용자와 노동자 사이에 국가가 개입합니다. 사용자에게 최저 수준 이상의 임금을 노동자에게 지급하도록 강제하는 측면이 있는 거죠. 이를 가리켜 '최저 임금제'라고 합니다.

우리나라에서는 최저 임금제의 시행 근거를 헌법 제32조 1항에 명시했고, 1988년부터 시행해 오고 있어요. 공익 위원, 사용자 위원, 근로자 위원으로 구성된 최저임금위원회에서 매년 노동 지표나 생계비를 분석하고 이를 바탕으로 최저 임금안을 내놓으면 고용노동부 장관이 최종적으로 결정하는 제도입니다. 시간당 최저 시급이 우선 결정되면 그것을 기준으로 하루 8시간×30일(주휴 수당● 포함) 동안의 월급이 정해져 그해의 한 달 최저 임금이 되는 겁니다. 그렇다면 최저 임금은 현재 얼마일까요? 2024년 최저 시급은 9,860원, 한 달 최저 임금은 206만 740원입니다. 참고로 2024년 최저 임금을 정할 때 근로자 위원은 1만 2,210원을, 사용자 위원은 9,620원을 제시했었고, 여러 번의 협상을 거쳐 9,860원으로 최종 확정되었습니다.

임금은 개인이 가진 능력의 대가, 노력의 산물이기도 하지만 다른 한편으로 생계를 보장하여 사회의 구성원이 인간답게 살 수 있도록 하는, 노동자의 존엄성을 지켜 주는 국가의 사회 안전망이라는 사실을 함께 기억하면 좋겠네요.

● 근로 기준법상 일주일 동안 소정의 근로 일수를 개근하면 지급하는 유급 휴일에 대한 수당을 말한다. 일주일에 15시간 이상을 일하면 주휴 수당을 받을 수 있다.

잘 쉬어야 일도 잘할 수 있어요

여러분은 아침에 등교하여 오후에 하교하기 전까지의 시간 가운데 언제가 가장 행복한가요? 아마도 쉬는 시간 혹은 점심시간 아닐까요? 10분이라는 짧은 시간에 매점에 후다닥 다녀오고 친구들과 폭풍 수다를 떨고, 심지어는 쪽잠도 잡니다. 가끔은 휴식을 조금이라도 더 취하고 싶어 선생님들께 "오늘 수업 5분만 일찍 마쳐 주세요."라고 애원하기도 하죠. 학생들에게 점심시간은 빡빡한 학교생활에서 한 줄기 빛이 되는 시간일 겁니다. 급식 식단표에 좋아하는 메뉴가 나오는 날이면 식단표에 형광펜 쫙, 별표를 몇 개씩이나 그려 놓고 그렇게 애타게 점심시간을 기다릴 수가 없어요. '하하호호' 친구들과 즐겁게 점심을 먹고 나면 5교시 전까지 상대적으로 여유 있는 시간을 보낼 수 있죠. 운동장에서 운동을 하거나, 책을 보든 잠을 자든 자유롭게 시간을 보냅니다. 오랜 시간을 학교에서 보내야 하니, 수업이 끝날 때마다 주어지는 10분의 휴식, 1시간의 점심시간이 너무나 달콤하고 간절합니다.

사실 어른들도 마찬가지입니다. 직장인들에게 점심시간은 오전 업무 후의 휴식 시간이자 오후 업무를 위한 재충전의 시간입니다. 노동 강도가 센 일을 하는 사람들에게 적절한 휴식 시간은 좋은 컨디션을 유지하는 데 꼭 필요하죠. 그래서 근로 기준법이 "사용자는 근로 시간이 4시간인 경우에는 30분 이상, 8시간인 경우에는 1시간 이상의 휴게 시간을 근로 시간 도중에 주어야 한다."라고 명시하고 있습니다. 그리고 그 휴게 시간은 노동자가 오롯이 자유롭게 쓸 수 있어야 합니다. 만약 그 시간에 일을 하고 있지 않으나 여전히 사용자의 업무 지시를 받거나 지휘·감독 아래에 있다면 그것은 휴게 시간이 아닌 근로 시간으로 봐야 한다는 법원의 판례도 있습니다.

그러면 사용자는 노동자에게 휴게 시간을 보장해 주는 것만으로 책임을 다한 것일까요? 제대로 충분히 휴식을 취할 수 있도록 휴게 장소도 마련해 놓아야 합니다. 더욱이 야외에서 일하는 사람들은 따로 휴게 공간이 마련되어 있지 않으면 제대로 쉴 수가 없어요. 버스 운행의 기점과 종점에 휴식 공간이 따로 없어 버스 기사님들이 운전석에서 휴식을 취하다가 다시 버스 운행을 한다

어느 대학교의 청소 노동자 휴게실. 제대로 된 건물이 아니라 계단 밑에 간이로 만든 공간이다. 단열이 되지 않고, 창문도 에어컨도 없다. 2019년 8월, 폭염이 있던 날 이곳에서 휴식을 취하던 노동자가 사망했다.

는 소식, 어느 학교의 청소 노동자들은 휴식 공간이 화장실 바로 옆이라 그곳에서 식사를 해야 한다는 소식, 폭염에 냉방 시설이 갖춰져 있지 않은 휴게실에서 쉬다가 사망했다는 소식 등 노동자들의 휴식권에 관한 좋지 않은 이야기가 자주 들려옵니다. 노동자들이 잘 쉬어야 일의 능률이 높아지고, 산업 재해를 예방하기 위해서라도 휴식은 필수입니다. 그런데 어째서 노동자들에게 가장 기본적인 조건이 노동 현장에 잘 갖춰지지 못하는 걸까요?

앞서 휴게 시간은 근로 기준법으로 정해져 있다고 했지요? 휴게 공간과 관련해서는 고용노동부가 '사업장 휴게 시설 설치·운영 가이드라인'을 배포하지만 이것은 강제 사항이 아니라 권고 사항이랍니다. 고용자 입장에서는 휴게 공간에 대한 인식이 부족하거나 제대로 된 휴게 공간을 마련해야 한다는 의지가 약할 수 있는 거죠. 그저 직원들을 위한 복지 혜택일 뿐이라고 여기기도 합니다. 하지만 쾌적한 장소에서 적절한 시간 동안 자유롭게 휴식을 취할 권리는 노동자들의 일할 권리와 똑같이 보장받아야 할 중요한 권리입니다.

자, 이번에는 이야기를 좀 더 확장해서 하루가 아닌 1년 중 가장 기다리는 날에 대해 이야기해 볼까요? 바로 기말시험 뒤에 찾아오는 방학입니다. 학교 다닐 때보다 더 빡빡한 계획을 세우는 학생들도 있겠지만 대개는 일상에 조금은 여유가 생기는 시기죠. 짧게는 3주에서 길게는 한 달 이상 주어지는 방학은 다음 학기 학습을 위한 재충전의 시간입니다. 이 또한 일하는 어른들도 마찬가지입니다. 매일 반복되는 일상과 업무에서 잠시나마 해방되어 자신만의 소중한 시간을 즐기는 휴가 시간을 모든 노동자가 간절히 바라죠. 노동자들은 1년 근무일 가운데 80% 이상을 채우면 15일의 연차 휴가를 쓸 수 있습니다. 휴가 일수는 근무 연수 2년마다 1일씩 더해져 최대 25일까지 보장받을 수 있고요. 유급 휴가이기 때문에 급여를 받으며 쉴 수 있고 휴가를 쓰지 않고 일을 한다면 수당으로 받기도 합니다.

2018년 문화체육관광부의 근로자 휴가 실태 조사에 따르면 근로자들이 부여받는 휴가일 수 14.4일 중 실제로 쉰 날은 8.4일이었다고 합니다. 연차 휴가를 사용하지 못한 이유로는 "연차 수당을 받아서(18.6%)"라는 답변도 있었지만 "자신의 업무를 대신할 인력이 없거나(18.3%), 업무량이 과도해서(14.9%)"라는 답변도 높은 비율을 차지했습니다.

이제 우리는 워라밸®의 가치를 중요하게 생각하는 사회에서 살아가고 있습니다. 개인이 한 조직의 구성원으로서 역할을 다하는 것만큼 자신의 삶을 가꾸고 가족이나 친구들과 시간을 보내는 것도 중요하다는 인식이 높아졌지요. 쉴 수 있는 권리가 당연하다는 것에 모두가 고개를 끄덕이는 사회, 실효성 있는 제도가 뒷받침되는 사회야말로 삶의 쉼표가 온전히 제 기능을 할 수 있는 사회가 아닐까요.

◎ **워크-라이프 밸런스(Work-Life Balance)를 줄인 말로, 개인이 직장 일과 사적 삶 사이에서 균형을 잘 잡는 것을 뜻하는 신조어**

일터에서 남녀 모두 행복할 수는 없을까요?

과거와 달리 요즘에는 아이 양육은 엄마의 몫이 아닌 부모 모두에게 주어진 일이라는 공감대가 어느 정도 형성되었어요. 예전에는 직장인 여성이 결혼하면 퇴사를 권유받기도 하고 기혼 여성이 회사 면접에서 출산 계획을 묻는 성차별적 질문을 받곤 했습니다. '여성이 아이를 낳으면 더는 직장을 다닐 수 없어.'라는 인식이 당연하다는 듯 통용되던 시기가 있었지요.(물론 여전히 이런 일이 벌어지는 회사가 있기는 합니다.) '에이, 설마…….' 싶죠? 어떻게 이런 인식이 퍼질 수 있었을까요?

불과 20년 전까지만 해도 우리 사회에서는 결혼을 한 남녀에게 각각 기대되는 역할이 따로 있었습니다. 남성은 직장에서 돈을 벌고 여성은 가정에서 가사일을 하며 아이 양육을 담당해야 한다는 것이었죠. 이를 '남성 생계 부양자 모델'이라고 부릅니다. 남성은 경제적으로 가정을 책임져야 한다는 인식이 있었고, 여성은 남편이 직장 생활(생산 노동)을 잘할 수 있도록 가정에서 내조(재생산 노동)를 해야 한다고 생각했습니다. 성별에 따른 분업이 이루어졌던 것이죠. 그런데 여성들이 가정에서 행하는 빨래, 청소, 요리 등의 각종 집안일과 아이를 돌보는 노동은 가정 바깥에서 남성들이 돈을 버는 것에 비해 가치가 낮게 평가되었고, 사실상 여성들의 가사 및 돌봄 노동은 돈으로 환산되지 않는 무급 노동으로 이뤄져 왔습니다.

그러나 여성의 대학 진학률 증가와 함께 사회 진출이 늘어나고 맞벌이 가구 수가 증가함에 따라 이제 우리 사회는 남녀가 함께 경제적 부양을 책임지는 '2인 생계 부양자 가족'[1] 구조로 바뀌어 가고 있습니다. 이런 변화에도 불구하고 남녀 경제 활동 참가율의 격차는 여전히 약 20%(2021년 기준 남성 72.6%, 여성 52.8%)로[2] OECD(경제 개발 협력 기구) 주요 국가들에 비해 매우 큰 편입니다.

다음 54쪽의 그래프는 한국과 OECD 국가의 여성 경제 활동 참가율을 비교해 보여 주고 있습니다. 그런데 한국의 수치를 나타내는 파란 선을 보면 가운데가 푹 꺼진 M자형이에요. 여성들의 고용이 상승하다가 떨어져 정체된다는 의미인데요. 그 정체 구간에 놓인 세대가 30대 중후반입니다. 바로 이 시기에 많은 여성이 출산 이후 아이를 양육하느라 직장에서 퇴사한다는 의미죠. 일과

한국·OECD 국가의 여성 경제 활동 참가율 비교(2019년)

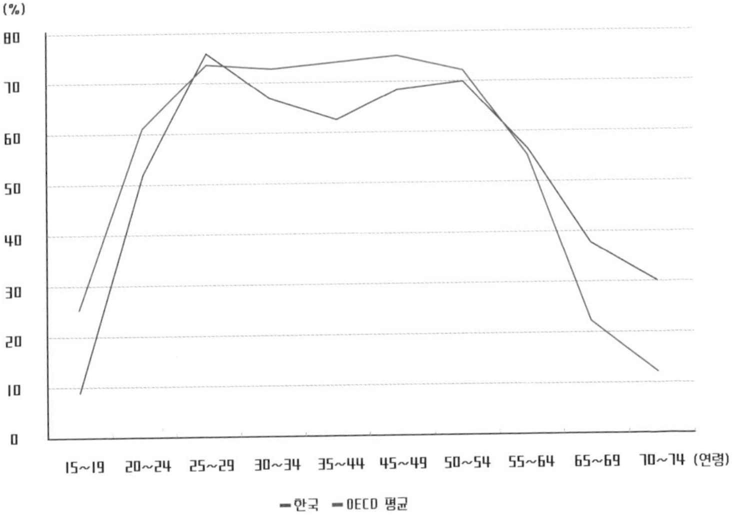

자료: OECD Stat

가정의 조화로운 양립을 위해 우리나라 법에서는 만 8세 이하 또는 초등학교 2학년 이하의 자녀를 양육하기 위해 1년간 휴직할 수 있는 육아 휴직 제도를 마련해 두고 있어요.

그런데 현실은 아직 제도를 따라가고 있지 못해요. 2019년 많은 선진국에서 100%에 가까운 여성들이 육아 휴직을 할 수 있었던 반면에 한국의 여성들은 63.6%만이 육아 휴직을 했거든요.[3] 게다가 육아 휴직을 마친 많은 여성이 직장으로 복귀하지 못하고 경력이 단절된 채 가정에서 육아와 가사 노동을 전담하게 되는 겁니다. 바로 그 점을 우리는 이 그래프로 확인할 수 있습니다.

이제 아이는 부부가 함께 키우는 것이라고 사회 인식이 바뀌었다고 이야기했지요. 네, 앞서 이야기한 육아 휴직 제도는 여성은 물론 남성도 사용할 수 있는 제도입니다. 심지어는 제도 사용을 보장하는 기간이 1년으로, 이는 OECD 국가 중 가장 깁니다. 맞벌이 가정에서 아내가 출산 휴가 및 육아 휴직을 사용하고 난 후 직장으로 복귀하면, 남편이 뒤이어 육아 휴직을 통해 아이를 양육할 수 있는 거죠. 이렇게 부부 모두 경력 단절 없이 아이를 어느 정도 키울 수 있는 시스템이 마련되어 있습니다. 실제로 2000년대 초반 남성의 육아 휴직 비율이 1~2%에 머물렀던 것에 비해 지난 몇 년간 그 비율이 꾸준히 상승해 2020년에는 전체 육아 휴직자 중 남성이 차지하는 비율이 약 25%로 크게 늘었습니다.

그런데요, 만약 남성의 육아 휴직이 완벽히 보장된다면 여성들의 경제 활동에 아무런 문제가 없게 될까요? 2017년 3월 8일 세계 여성의 날에 한국의 여성 노동자들은 오후 3시 조기 퇴근 캠페인을 벌였어요. 여성들이 받는 임금이 남성 임금의 70% 수준인데, 그것을 시간으로 따지면 3시 이후부터는 무급 노동을 해 온 셈이라는 사실을 상징적으로 보여 주기 위해서였죠. 부끄럽게도 한국의 성별 임금 격차는 32.5%(2019년 기준)로 OECD 국가 중 압도적 1위를 차지합니다. 그것도 20년 가까이 말이죠.

왜 이런 임금 격차가 생기는 것일까요? 앞서 '남성 생계 부양자

OECD 국가별 성별 임금 격차(2019년)

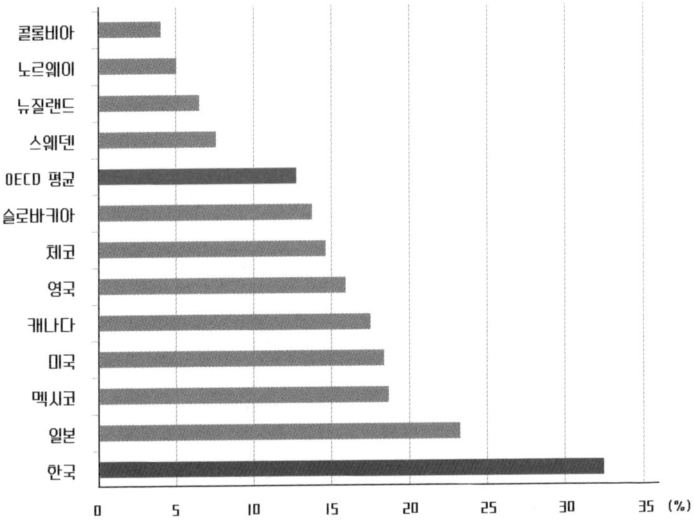

자료: OECD Stat

모델'에 대해 이야기했었죠? 과거에는 남성이 가정의 생계를 책임진다는 인식이 있었고, 그 때문에 남성, 특히 기혼 남성에게는 상대적으로 높은 임금을 줬습니다. 그것이 굳어져 지금까지 이어지고 있지요. 이는 남성의 육아 휴직 신청 비율이 낮은 이유 중 하나이기도 합니다. 남성의 임금이 상대적으로 높으니 여성이 일을 그만두게 되는 것이죠. 이는 여성의 경력 단절로 이어지고, 경력이 단절된 여성들은 다시 일을 구하더라도 저임금 일자리로 가게 될 확률이 높아져요. 이런 악순환의 고리를 끊기 위해서는 같

국가별 유리 천장 지수(2019년)

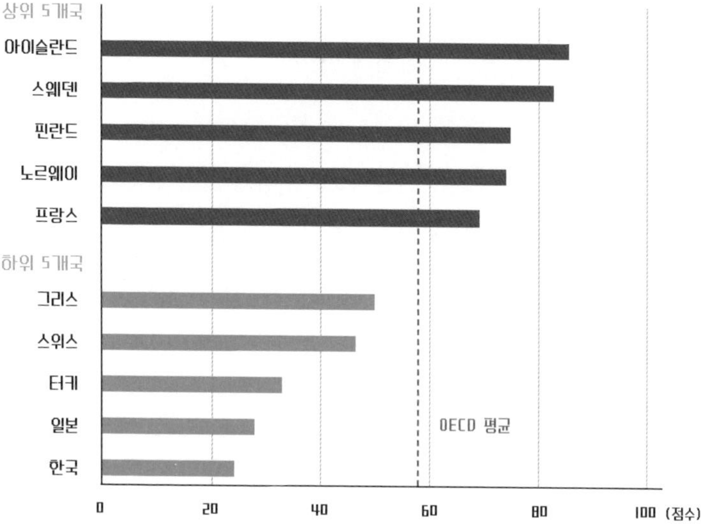

자료: 《이코노미스트》

은 일을 하는 사람에게는 같은 임금을 주는 '동일 노동 동일 임금'의 원칙이 지켜져야 할 것입니다.

여성들이 채용과 임금에서 받는 불이익만큼이나 문제가 되는 것이 또 있습니다. 바로 '유리 천장' 문제입니다. 유리 천장이란 충분한 능력을 갖춘 여성 혹은 그 외 사회적 소수자의 승진을 가로막는 보이지 않는 장벽을 뜻합니다. 주로 직장 내의 성차별이나 인종 차별로 인해 발생하지요.《이코노미스트》에서 매년 국가별로 여성의 고등교육 이수율, 남녀 임금 격차, 여성 기업 임원과 여성 국회의원 비율 등 10개 항목을 종합하여 점수화한 것을 '유리 천장 지수'라고 하는데요, 2021년 우리나라가 OECD 회원국 29개국 중 29위로 꼴찌를 차지했습니다.

이처럼 동일한 직무에 종사하더라도 남성과 차이 나는 임금, 결혼과 출산과 육아에 따른 경력 단절, 경력 단절로 인해 경력 단절 없는 이들보다 평균적으로 낮은 임금을 받는 상황, 고위직 승진이 하늘의 별 따기만큼이나 어려운 것 등이 여성들의 경제생활을 둘러싼 엄연한 현실입니다.

1908년 3월 8일 미국의 여성 노동자들은 "우리에게 빵과 장미를 달라!"라고 외치며 거리로 나섰습니다. 빵은 남성에 비해 낮은 임금을 받았던 여성들의 생존권을, 장미는 여성들의 참정권을 의미하는 것이었어요. 100여 년이 지난 오늘날, 한국의 여성들에게도 "빵을 달라!"라는 구호는 유효하지 않을까요?

앞서 살펴본 '2인 생계 부양자 가족' 모델처럼, 남녀가 함께 생계를 꾸리고 가사도 분담해야 한다고 인식이 바뀌는 것이 지금 우리 사회의 자연스러운 흐름입니다. 누군가의 희생을 바탕 삼아 혹은 누군가를 배제하여 지금과 같은 현상을 유지하기보다는, 명백히 차별이 존재한다면 그것을 적극적으로 해소할 방안을 찾아야 하지 않을까요? 그것이 우리가 바라는 '일·가정 양립'이자 구성원 모두가 행복해지는 사회로 가는 지름길 아닐까요.

"직장 갑질은 이제 그만!", 직장 내 괴롭힘 금지법

헌법 제32조는 "근로 조건의 기준은 인간의 존엄성을 보장하도록 법률로 정한다."라고 명시하고 있습니다. 또 근로 기준법에서 임금이나 휴가, 휴직과 같은 근로 조건의 기준을 정해 노동자의 기본 생활을 보장하고 있지요. 최근 이 근로 기준법에 새롭게 추가된 조항이 있는데, 바로 제76조 2항의 '직장 내 괴롭힘의 금지'입니다.(신설 2019. 1. 15.) 이것은 "사용자 또는 근로자는 직장에서의 지위 또는 관계 등의 우위를 이용하여 업무상 적정 범위를 넘어 다른 근로자에게 신체적·정신적 고통을 주거나 근무 환경을 악화시키는 행위를 하여서는 아니 된다."라는 내용을 담고 있어요.

그렇다면 무엇이 직장 내 괴롭힘에 해당할까요?

- 정당한 이유 없이 훈련, 보상, 일상적인 대우에서 차별하는 것
- 사적 심부름 등 개인의 일상적인 일을 하도록 지속적·반복적으로 지시하는 것
- 개인에 대한 뒷담화, 험담을 퍼뜨리는 것
- 욕설, 위협적인 말과 행동 또는 신체적 폭력을 가하는 것[4]

'왕따니 괴롭힘이니 이런 건 학교에서 일어나는 학생들의 문제인 줄만 알았는데 어른들도 직장에서 다른 사람을 괴롭히나?' 하고 의문이 들 수 있습니다. 부끄럽지만 그런 일이 종종 일어납니다. 2017년 국가인권위원회가 처음으로 직장 내 괴롭힘 실태를 조사했는데, 그 결과 직장인 10명 중 7명이 최근 1년간 직장에서 존엄성이 침해되거나 적대적·위협적·모욕적 업무 환경이 조성되는 경험을 1회 이상 겪었다고 합니다. 또한 직장 내 괴롭힘 때문에 극단적 선택을 한 사람들도 있어 정말 심각한 문제가 아닐 수 없습니다.

직장 내 괴롭힘 금지 조항이 근로 기준법에 추가됨에 따라 이제 회사에서는 취업 규칙◎에 다음과 같은 사항을 반영해야 해요.

- 사내에서 금지되는 직장 내 괴롭힘 행위
- 직장 내 괴롭힘 예방 교육 관련 사항
- 직장 내 괴롭힘 사건의 처리 절차
- 피해자 보호 조치
- 행위자 제재
- 재발 방지 조치

◎ 학교에서 학생들이 지켜야 할 생활 규정을 정해 놓듯, 기업에서도 기업주와 노동자 사이에서 지켜져야 할 근로 조건 관련 규칙을 정해 놓고 있다.

이런 규정을 명시했음에도 불구하고 직장 동료나 상사가 부당한 지시를 하거나 괴롭힌다면 어떻게 대처해야 할까요? 직장 내 괴롭힘을 당한 당사자이든 그 사실을 알게 된 사람이든 누구든지 바로 사용자(회사 대표)에게 알려야 합니다. 그러면 사용자는 지체 없이 사실 관계를 조사하고 근무 장소 변경 등 피해자 보호 조치를 해야 하지요. 만약 사실로 확인된다면 행위자에 대한 징계도 이뤄지게 되고요. 혹시라도 회사 측에서 이 문제를 제대로 조사하지 않는다면 고용노동부에 신고하면 됩니다.[5] 부디 이 법 조항이 하루 중 많은 시간을 보내는 일터에서 노동자들이 마음 편히 일할 수 있는 밑바탕이 될 수 있기를 기대해 봅니다.

STAGE 3

일할 권리, 일하지 않을 권리

아동 노동,

청소년 노동 인권

청소년의 노동을 법으로 제한한다고요?

여러분은 아르바이트를 해 본 적이 있나요? 그렇다면 아마 꼭 사고 싶은 것이 생겼거나 부족한 용돈을 메우려 아르바이트를 해야겠다는 생각을 했을 거예요. 그런데 이렇게 결심한다고 해서 곧바로 일을 할 수 있는 건 아닙니다. 청소년의 노동에 관한 법률 조건을 따라야 하기 때문이에요. 우리나라 근로 기준법 제5장에 청소년[●] 노동과 관련한 조항들이 별도로 있거든요.

몇 가지 살펴볼까요? 우선 노동을 할 수 있는 연령에 제한이 있어요. 만 15세, 즉 중학교 3학년 생일이 지나지 않은 청소년은 아

● 청소년 외에도 소년, 아동, 미성년자 등 법률에 따라 10대 중후반 연령대를 칭하는 용어는 아주 다양하다. 근로 기준법에서는 '소년'이라는 표현을 쓰지만, 여기서는 10대를 통칭하는 일반 용어인 '청소년'을 쓴다.

에 아르바이트를 할 수 없어요. 그리고 만 18세 미만이면, 아르바이트를 할 수는 있지만 여러 제약이 따라요. 만 18세 미만자는 오염 물질을 배출하는 공장처럼 위험한 시설에서는 일할 수 없고, 야간(오후 10시부터 오전 6시까지)과 휴일에도 일할 수 없습니다. 성인은 1일 8시간(주 40시간) 이내의 노동이 가능하지만, 만 18세 미만자는 1일에 7시간(주 35시간)을 초과할 수 없습니다. 운동선수이거나 예술 단원에 소속된 청소년은 예외적으로 성인과 동일한 노동 조건이 허용되기도 합니다. 하지만 대부분의 청소년은 연령, 노동 시간, 노동 분야 등에서 법률로 제한을 받아요.

이러한 법률 문구를 읽다 보면, '왜 청소년의 노동할 권리를 제한하지?'라는 의문이 들 수 있습니다. 청소년이 성인에 비해 일하기 더 어려운 조건에 놓인 것이라고, 그래서 더 적은 돈을 벌 수밖에 없는 것이라고 말입니다. 이게 또 하나의 차별이고, '청소년의 일할 권리를 침해하는 거 아닌가?' 하는 생각까지 들 수 있습니다. 그런데 이 조건들은 청소년을 노동으로부터 보호할 필요가 있다는 관점을 바탕으로 만들어진 것입니다.

노동은 인간이 정신적·육체적 힘을 발휘하는 활동입니다. 반대로 말하면, 육체적·심리적 건강을 잘 유지해야 할 사람 혹은 육체적·정신적으로 취약한 사람이 노동에 시달리지 않아야 한다는 의미도 됩니다. 따라서 노동에 대한 권리에는 노동을 '하지 않을' 권리도 포함되고요. 청소년 외에 여성, 임산부, 장애인 등을 노동으로부터 보호하는 별도의 법률 조항이 있는 이유입니다. 특히 청소년은 신체적·정신적으로 성장 단계에 있고 소질을 계발하는 교육이 우선시 되어야 하는 시기에 있으므로 성인과는 달리 특별한 보호를 받을 권리가 있습니다.[1] 헌법 제32조 5항도 "연소자의 근로는 특별한 보호를 받는다."라고 명시하고 있고, 근로 기준법에도 위와 같은 규정들이 있습니다. 나아가 청소년이 노동하는 상황이 되었을 때에는 당사자(청소년)를 대리한 근로 계약은 맺을 수 없고, 청소년에게 불리한 계약일 경우에는 이를 해지할 권리를 보장하는 등 청소년의 노동권이 존중받도록 법률이 마련되어 있습니다.

그런데 텔레비전에 나오는 아이돌은 어떨까요? 근로 기준법을 잘 지키며 일하고 있을까요? 만 18세 미만의 아이돌은 법률이 규정한 대로 노동권을 더 엄격하게 보장받고 있을까요? 안타깝게도 현재 '아이돌 청소년'은 노동법의 사각지대에 놓여 있습니다. 아이돌의 실제 활동은 기획사에 고용되어 서비스 노동을 하는 형태지만, 법률로 따지면 고용되지 않은 신분이기 때문에 근로 기준법 등 노동 관련 법의 보장을 받지 못합니다.[2] 연습생 기간에 들인 교육 비용을 회수한다는 이유로 임금을 주지 않는 소속사가 많은데, 이 경우 임금을 받지 않기 때문에 근로자로 인정받기가

아이돌 그룹 마마무의 콘서트 장면. 관중이 응원봉을 들고 공연을 즐기고 있다. 2018년, 마마무 팬클럽은 아티스트 처우 개선 및 콘서트 연기를 요구하며 보이콧을 선언했다.

어려워요. 소속사에 종속된 것이나 다름없는 아이돌 가수가 과로, 부상, 스트레스에 시달려도, 과중한 스케줄에 쫓겨 이동 중인 차 안에서 쪽잠으로 버텨도 이에 대해 문제를 제기하기 어려운 상황입니다. 오히려 팬들이 나서서 이들을 살인적인 스케줄로부터 보호하기 위해 집단적으로 대응하는 '팬심'을 보이지요. '케이팝'이 세계를 뒤흔든다지만, 그 이면에 부조리한 아이돌 양성 시스템이 있지는 않은지 돌아볼 필요가 있어요. 아주 낮은 확률로 스타가 되는 시스템 속에서 아이돌이 되려는 연습생은 아무래도 약자의 처지에 놓이게 되고, 불리한 근로 계약을 맺거나 심지어 기본 인권도 보장받지 못할 수 있으니까요.

한편으로 청소년들이 노동하지 '않을' 권리는 '교육받을 권리'와 연결됩니다. 청소년이 충분한 휴식을 취하면서 건강하게 자랄 환경을 제공하는 게 교육 기관의 기본 역할이죠. 우리나라가 현재 중학교까지 의무 교육을 실시하는 이유이기도 하고요. 여러분의 등굣길이 가벼운 발걸음이길 바라는 마음인 거예요. 정서적·신체적으로 큰 성장과 변화를 겪는 청소년 여러분이 고된 노동으로부터 한발짝 떨어져 다양한 생각과 활동을 경험할 수 있다면 좋겠습니다. 그럼에도 만약 어떤 이유로든 노동을 하고 있다면 여러분의 노동 인권이 더 엄중하게 보장되어야 한다는 것을 잊지 마세요.

열세 살 소녀가 하루에 16시간 노동했었다고요?

우리에게는 청소년의 노동 인권이 심각하게 침해된 경험이 있습니다. 법과 제도의 보호가 제대로 이뤄지지 못해 청소년들이 큰 고통을 겪어야 했던 시기가 있었어요. 그때 무슨 일이 있었는지 그 잔혹한 노동의 현장으로 가 볼까요?

1970년 서울의 동대문. 평화시장에서 시다●로 일하는 열세 살 여공(女工)이 있습니다. 그녀는 근처 빈민촌의 판잣집 단칸방에 살며, 한창 잠이 많을 나이에 새벽같이 일어나 공장으로 출근합니다. 작업장은 허리를 펴고 걸어 다닐 수 없을 정도로 천장이 낮고,

● 견습공을 의미하는 일본어 '시타바리'에서 유래한 것으로, 산업화 시대에는 이 단어가 재봉사의 일을 돕는 어린 여공을 부르는 말이었다.

환풍기도 없어 탁한 공기에, 재봉틀 소음만이 가득합니다. 비좁은 닭장과 같은 이곳에서, 그녀는 햇빛 한번 보지 못하고 아침 8시부터 밤 11시까지 온종일 중노동을 합니다. 이렇게 뼈 빠지게 일을 해도 그녀의 한 달 임금은 3,000원. 왕복 교통비를 제하고 나면 별로 남는 것이 없습니다.(당시 서울 시내버스 요금이 15원이었다고 하니, 임금의 3분의 1이 출퇴근하는 데 들어간 셈입니다.)[3]

위 이야기의 주인공이자 훗날 노동 운동가로 활동한 신순애는 여공으로 일하던 시절을 이렇게 회상합니다.

"아침에 출근해서 미싱 판에 앉아 미싱을 밟기 시작하면 화장실 가는 시간 빼고는 하루 종일 쉬는 시간이 단 일 분도 없었다. (…) 정전되는 경우 말고는 하루 종일 일을 하는 셈이다. (…) 어깨에도 늘 먼지가 수북이 쌓이곤 하였다. 겨울철에 도시락을 먹다 보면 남은 밥 위에 까만 먼지가 붙어 있었다. 우리는 그 먼지 묻은 밥을 그냥 먹었다. 콧속은 물론이고 심지어 눈썹에까지 먼지가 붙어 눈을 비비면서 일을 했다."[4]

이 참상을 가슴 절절히 목격한 전태일이라는 청년 재단사가 있었습니다. 그리고 그는 인간을 물질화하는, 즉 인간을 물건처럼 대하는 시대에 온몸으로 저항합니다. 사장의 감시를 피해 시다

1970년대 청계천(평화시장) 봉제 공장의 내부 풍경

들의 일을 대신해 주기도 하고, 없는 돈을 털어 풀빵을 사서 시다들 손에 쥐여 주기도 합니다. 나아가 노동 조건 개선을 위해 평화시장 노동자의 노동 실태를 조사하고, 그 자료를 모아 언론사에 투고하거나 노동 관청에 신고하기도 하죠. "하루 10~12시간으로 노동 시간 단축하라." "한 달에 두 번인 휴일을 매주 1회씩으로 늘려 달라." 인간다운 삶을 위한 최소한의 요구를 담아 대통령에게 편지를 쓰고, 노동조합 설립을 위해 '바보회'라는 모임을 조직하기도 해요. 그러나 현실은 차갑습니다. 전태일은 자신의 죽음

외에는 그 무엇으로도 이 비참한 현실을 바꿀 수 없다는 생각에 이르렀습니다. 결국 그는 1970년 11월 13일 평화시장 길거리에서 “근로기준법을 준수하라!”라는 외마디 비명을 외친 후 자신의 몸에 불을 붙여 쓰러집니다.

우리나라의 급격한 경제 성장은 세계적으로 유례가 없어 ‘한강의 기적’이라 불립니다. 35년간의 식민 지배와 끔찍한 전쟁을 겪은 최빈국이 불과 40여 년 만에 세계 10위권의 경제 대국이 되었으니, 기적이 맞긴 맞습니다. 어떻게 이런 ‘기적’이 일어날 수 있었을까요? 경제학자들은 세계 최강대국 미국의 적극적 원조(援助)를 받았다는 것, 정부가 주도하는 계획 경제의 일환으로 추진된 ‘수출 주도형 경제 성장 전략’이 성공을 거두었다는 점 등을 요인으로 꼽습니다.

그러나 무엇보다도 산업 현장 곳곳에서 성실하게 일한 노동자 한 명 한 명의 피와 땀이 기적과 같은 경제 성장을 가져온 것이지요. 기술과 자본이 부족한 개발 도상국은 국제 무역에서 가격 경쟁력으로 승부를 봐야 했고, 상품 가격을 낮춰 세계 시장에 내놓기 위해 자국의 노동자들에게 낮은 임금을 지급했습니다. 이 시기 우리나라도 마찬가지로 노동자들에게 아주 낮은 임금을 지급했어요. 그 열악한 처우에도 불구하고 노동자들이 열심히 일해 지금의 경제 번영을 이끈 것이죠.

1900년대 말, 미국 조지아주의 한 방직 공장에서 일하고 있는 어린 노동자

우리나라의 암울했던 노동 실태는 그로부터 100여 년 전, 산업 혁명의 발상지인 영국에서 이미 일어났던 일입니다. 청소년 노동 인권 침해는 급격한 산업화를 겪은 국가에서는 거의 예외 없이 반복된 비극이었지요. 산업 혁명 초기 영국의 대공장에는 10대 소년과 소녀 들이 묽은 죽 하나로 끼니를 때우며, 12시간 이상의 장시간 노동에 시달렸습니다. 심지어 탄광업에서는 6세 미만 어린이까지 10시간씩 노동했다는 끔찍한 사례도 있어요. 아이들은 체구가 작아 좁은 갱도에도 들어갈 수 있었기 때문이라고 합니다.[5]

가혹한 노동 환경에 대한 노동자들의 저항이 본격적으로 타오르면서 당시의 '공장법'(공장의 운영과 관련한 법)이 점차 개정되는데요. 청소년(13~18세)은 12시간, 아동(9~13세)은 8시간 이상의 노동을 금지하거나(1833년), 13세 이하 아동의 노동 시간을 6시간 반으로 줄이는(1844년) 등 아주 늦은 속도로 법의 규제가 이루어졌어요.[6] 국가에서 법으로 제한하지 않으면 고용주들이 아동과 청소년에게 훨씬 가혹한 노동을 강요했기 때문이에요.

이제 청소년의 노동을 왜 법률로 제한하게 되었는지 이해가 될 거예요. 아동·청소년 노동의 슬픈 역사와 이에 대한 노동자들의 저항이 서서히 법을 바꾸어 현재에 이르렀습니다. 아동·청소년 노동자들의 노동 조건, 노동 환경에 대한 권리, 나아가 이들이 노동으로부터 자유로울 권리를 외쳤던 수많은 목소리가 쌓여, 지금의 헌법과 법률에 반영된 것입니다.

여전히 계속되는 청소년 노동 인권 침해

현관문 앞에 붙은 광고지, 야식으로 주문한 배달 음식, 패스트푸드점에서 사 먹는 따뜻한 햄버거. 집 앞에서, 길을 걷다가, 식당에서 일하는 청소년들을 만납니다. 통계청 자료에 따르면 2019년 중·고등학생 100명 중 9명은 최근 1년 내 아르바이트 경험이 있고, 중학생은 100명 중 3명, 고등학생은 100명 중 14명이 아르바이트 경험이 있다고 합니다.[7] 2020년 기준 청소년 인구가 845만 명 정도이니, 80만 명이 넘는 청소년들이 아르바이트를 경험한다고 볼 수 있습니다.

아르바이트를 하고자 하는 친구들은 노동 강도가 낮고 급여는 높은 일을 하고 싶을 거예요. 하지만 그런 '꿀알바'를 찾기란 쉽지 않아요. 힘든 노동 환경에 처해 있거나 기본적인 노동 인권을 침해당하는 청소년 노동자가 오히려 적지 않지요. 2020년 한 지방 자치 단체에서 실시한 조사[8]에 따르면, 아르바이트를 할 때 부당 대우 및 인권 침해를 한 번이라도 경험한 적이 있느냐는 물음에 대해 49.8%가 '그렇다.'라고 응답했다고 합니다. 최저 임금보다 적게 받는 경우가 23.6%로 가장 많았고, '임금을 계약보다 적게 받거나 받지 못한 적 있음'(23.2%), '일하기로 한 날 모두 일했는데 주휴 수당을 받지 못한 적 있음'(18.3%) 순이었습니다.

더구나 부당 대우와 인권침해에 대해, 피해자들 대부분(82.8%)은 아무런 대응도 하지 못했다고 합니다. 아르바이트를 계속하기 위해 부당한 대우와 인권 침해를 당해도 꾹 참는 것이지요. 피해 청소년들은 '신고나 항의를 해도 별 도움이 될 것 같지 않아서'(38.1%) 혹은 '귀찮고 번거로워서'(36.5%) 대응하지 않았다고 답했는데요. 실제 적극적으로 대응했던 청소년들도 대부분 '문제가 해결되지 않았다'(34.2%)라거나 '전혀 도움이 안 됐다'(31.6%)라고 응답했다고 합니다. 열악한 노동 조건, 낮은 임금, 부당한 대우에도 정당한 요구를 하기 어려운 오늘날의 상황이 과거 산업화 시대의 아동과 청소년 노동자의 눈물을 떠올리게 합니다.

최근엔 고등학교 교육 과정과 연계한 실습에서조차 노동 인권을 침해받는 사례가 있었습니다. 직업 교육에 중점을 두는 특성화고등학교에는 재학생이 전공 관련 회사에서 일할 수 있도록 하는 '현장 실습 제도'가 있습니다. 교육과 노동이라는 두 마리 토

끼를 다 잡겠다는 목적으로 마련한 제도이지만, 현실에서는 교육과 노동의 영역 둘 다 제대로 관리하지 못했습니다. 다음 이야기를 읽어 볼까요?

"2017년 1월, 전주 ○○ 고객센터에서 일하던 특성화고 현장 실습생 홍 모 씨(19)가 사망하는 사건이 있었다. 그녀의 죽음은 직장에서 벌어진 부당 대우와 폭력 때문이었다. 그녀는 강도 높은 감정노동과 실적 강요, 야근을 견디지 못하고 스스로 목숨을 끊고 말았다."[9]

현장 실습생들은 임금은 제대로 지급받지 못하면서 가장 힘든 일을 도맡아 하는 경우가 다반사였습니다. 최저 임금조차 받지 못하는 실습생이 적지 않았고, 직장 내 폭력과 고졸 취업자 차별도 심각했습니다.[10] 2016년 구의역 사고로 사망한 김 군도 현장 실습을 통해 취업한 특성화고 졸업생이었지요. 교육이라는 이름하에 노동 인권이 보장되지 않고, 노동이라는 이름하에 교육이 이루어지지 않은 것입니다.

'이 제도를 폐지하면 해결되는 것 아닌가?'라고 생각할 수 있습니다. 그렇지만 폐지만이 옳은 결정이라고 보긴 어려워요. 특성화고는 이론과 지식의 습득만큼이나 전공과 관련된 직무 실습이 자신의 역량을 높이는 좋은 기회가 되기 때문이지요. 따라서 교육과 실습을 연결하는 제도 자체를 문제 삼기보다는 실습 현장에서 왜 청소년들의 노동 인권이 온전히 보장받지 못하는지 그 원인을 찾는 게 중요합니다. 청소년들이 부당한 대우를 받지 않을 방안은 무엇인지, 부당한 처우에 놓인 실습생에게 어떤 도움을 줄 수 있는지 생각해 보아야겠죠. 청소년들이 이론과 실습을 두루 경험하면서 충분히 휴식하고 그 과정에서 자신의 미래를 꿈꿀 수 있게 하려면 어떤 환경을 마련해야 할까요?

최근 글로벌 초콜릿 제조 회사들이 아프리카 코코아 농장의 아동 노동 착취 사실을 알고도 묵인했다는 혐의로 국제변호사들에 의해 미국의 법원에 피소되는 일이 있었습니다. 노동 강도를 높이고 노동 시간을 늘려 이윤을 극대화하려는 기업의 욕망 앞에서 사회적 약자는 노동을 강요받거나 열악한 처우에 시달릴 수 있습니다. 특히나 아동·청소년은 당장 급한 돈을 구하기 위해 일하고 있거나 저항의 목소리를 내기 어려운 처지에 있기에 노동 인권을 침해당하는 경우가 더 많아요. 어떤 사회 제도를 마련하면 아동·청소년들의 노동 인권을 보장하고 존중해 줄 수 있을지 함께 고민해 봐야 합니다.

영국 대공업 지대 한편에 지어진 최초의 '학교'

자라나는 세대에게 지식과 기능을 전수하는 교육 기관은 어느 사회에나 있었어요. 조선 시대에는 훈장님이 마을의 아이들에게 글자를 가르치는 '서당'과, 양반 자제들이 고위 관직에 진출하기 위해 수학하는 '성균관'이 있었죠. 그렇지만 현재 우리가 다니는 '학교'는 서당, 성균관과는 거리가 멉니다. 산업 혁명 시기, 영국의 대공장 지대 한편에 세워진 학교 형태가 전 세계로 퍼져 나갔고, 100여 년 전 우리나라에도 전파되어 현재 우리가 다니는 학교가 되었습니다.

세계적인 축구팀의 연고지로 유명한 영국의 맨체스터와 리버풀은 산업 혁명이 시작된 곳입니다. 풍부한 자본과 발달한 생산 기술을 바탕으로 기계제 대공업이 생겨났고 대규모 공장 지대가 만들어졌죠.(축구는 공장 노동자들이 즐겼던 소박하지만 소중한 여가였습니다.) 학교는 대공장을 운영하는 기업이 노동자에게 기술을 가르치는 등의 훈육을 효율적으로 하여 공장의 상품 생산력을 극대화하기 위해 설치한 기관이었습니다.

가만히 생각해 보면, 공장과 학교의 운영 원리가 비슷하다는 걸 느낄 수 있을 거예요. 공장의 근무 시간과 휴식 시간은 학교의 수업 시간과 쉬는 시간, 공장의 작업 매뉴얼은 학교의 생활 규칙과 유사하죠. 공장에서 퇴사하면 당장 먹고사는 문제로 곤경에 빠지는 노동자와 학교를 그만두면 사회적 보호를 받지 못할 가능성이 높아지는 학생들의 모습도 닮아 있습니다.

재미있는 사실은 또 있습니다. '학교(school)'라는 단어가 '여가'를 뜻하는 고대 그리스어 '스콜레(skholē)'에서 유래했다는 것이지요. 학교가 '여가를 즐기는 곳'이었다는 뜻인데요. 고대 그리스 아테네의 전체 인구 약 25만 명 가운데 시민은 3만 명 정도로 추정됩니다. 전체 인구의 12%를 차지하죠. 고대 그리스에서는 사회 유지에 필요한 노동을 노예가 담당했고, 노동에서 자유로웠던 '시민' 계급은 여가를 누릴 수 있었습니다. 학교는 이 시민들이 여가를 즐기는 곳이었던 겁니다.

아테네의 아고라 광장 이곳저곳을 거닐며, 유창하게 자신의 의견을 펼치는 사람들, 그리고 그들에게 다가가 상대방의 논리적 허점을 찌르며 토론을 이끄는 소크라테스를 상상해 보세요. 학교는 시민들이 책을 보거나 몽상에 빠지는, 또 대화를 나누면서 우주와 세상사에 대한 온갖 철학을 펼치는 곳이었죠.

고대 역사 속 학교를 바라보니 낯선가요? 현대를 살아가는 여러분에게 학교는 어떤 의미를 갖는 공간인가요? 여러분의 꿈과 끼를 마음껏 펼치는 곳인가요, 아니면 공장식 규율과 순응을 강요받는 곳인가요? 충분히 휴식하고 생각하고 대화할 수 있는 즐거운 곳인가요, 아니면 빽빽하게 짜인 일정을 허덕이며 소화하는 곳인가요?

STAGE 4

경제 규모 세계 10위, 산업 재해 사망률 1위?

산업 재해,
장시간 노동, 야간 노동

더 이상 일하다 죽지 않게

남들이 곤히 자는 새벽 시간, 바삐 몸을 움직여 가며 일을 하는 누군가가 있습니다. 각 가정에서 내놓은 쓰레기를 치우는 환경미화원도 그렇습니다. 그들 덕분에 우리는 깨끗한 거리에서 상쾌하게 하루를 시작합니다. 그런데 안타까운 소식이 심심찮게 들려옵니다. "새벽 청소차 들이받은 만취 차량… 환경미화원 참변"[1], "새벽에 일하다 청소차 회전판에 '팔 절단'된 환경미화원".[2] 왜 이런 끔찍한 일이 일어나는 것일까요?

길을 걷다 공사장 주변에 이르면 어김없이 '안전제일'이라는 표지판을 만납니다. 안전제일. 네, 일하는 현장에서 안전만큼 중요한 것은 없죠. 아무리 강조해도 지나치지 않습니다. 그럼에도 일하다가 사람이 죽었다는 뉴스가 빠지지 않고 매일 들려옵니다. 건설 현장에서 추락해서 죽고, 공장 기계에 끼여 죽고, 택배를 배달하다가 죽습니다.

경제 규모 세계 10위(2020년 기준), 1인당 국민 총소득 3만 달러 달성(2017년 기준)이라는, 국민의 어깨를 으쓱하게 하는 수치들을 보면 어느새 우리나라도 선진국 문턱을 넘은 듯, 아니 이미 선진국이 된 것만 같습니다. 하지만 이런 자랑스러운 수치와 함께 OECD 기준 산업 재해 사망률 1위라는 부끄러운 수치도 존재합니다. 산업 재해란 말 그대로 일을 하다가 다치거나 죽는 경우를 말하며, 고용노동부 통계에 따르면 2020년 한 해에만 2,062명이 사망했습니다.[3] 이는 하루 평균 5.6명이 일을 하다 죽었다는 것을 의미합니다. 이러한 실정이니 일하다가 사람이 죽었다는 뉴스를 매일 만나는 게 그리 어려운 일은 아닐 테지요.

2016년 구의역에서 스크린 도어를 수리하던 19세 젊은 청년이 전동 열차에 치여 사망하는 일이 있었습니다. 그때 그의 유품인 가방에서 미처 먹지 못한 컵라면이 발견되면서 밥 먹을 겨를도 없이 일하다 떠난 청년 노동자에 대해 많은 사람이 가슴 아파했습니다. 이 일이 비단 불행한 개인의 일이었을까요? 잠깐 이 이야기 속으로 들어가 보겠습니다.

시민의 발이라고 불리는 지하철. 매일같이 운행하니 고장이 날 때도 있고 점검을 해야 할 일도 많이 생기죠. 공기업인 지하철공

구의역 사고 현장에 시민들이 남긴 추모 헌화와 쪽지

사는 지하철 유지·보수와 관련한 일들을 하청 업체◎에 맡깁니다. 그러면 원청 업체인 지하철공사는 관리·감독할 의무만 지고, 실제 유지·보수 업무는 하청 업체에서 담당합니다. 노동 현장에서는 안전이 가장 우선이니 당연히 일할 때 지켜야 할 안전 매뉴얼도 있었겠죠. "지하철 유지·보수 일을 할 때에는 2인 1조가 하여야 한다." 예기치 못한 비상사태가 일어날 수도 있으니, 안전을

◎ 회사가 해야 하는 일의 전부나 일부를 제삼자에게 맡기는 것을 '하청'이라고 하며, 이때 업무를 발주하여 자금을 대는 업체를 원청 업체, 일을 받아 수행하는 업체를 하청 업체라고 한다.

위해 2인이 함께 일하도록 매뉴얼에 이렇게 명시되어 있습니다.

그러나 그날, 젊은 청년은 혼자 일하다가 죽었습니다. '뭐야. 피해자가 안전 수칙을 안 지킨 거였어?'라고 생각할 수도 있지만, 엄밀히 말하면 안전 수칙을 어길 수밖에 없었습니다. 이들의 작업 매뉴얼에 따르면 고장 신고를 받으면 반드시 1시간 안에 현장에 출동해야 하는데 함께할 동료는 이미 다른 지하철역에서 일을 하고 있어 불가피하게 혼자서 구의역으로 간 것이니까요.

부족한 인력, 비용 절감을 위해 안전 업무를 하청 업체에 맡긴 것 등 한 개인의 죽음 뒤에 숨겨져 있던 우리 사회의 구조적 문제가 조금씩 수면 위로 떠올랐습니다. 바로 '위험의 외주화'입니다. 외주(外注)란 바깥에 일을 준다는 뜻으로, 기업에서는 유해하고 위험한 일들을 자신들이 직접 노동자를 고용해 시키는 대신 다른 업체에 맡겼습니다. 무엇보다도 비용을 절감하려는 이유가 컸지요. 그런 탓에 문제가 불거지면 원청의 잘못이 아닌 하청의 잘못으로 책임을 떠넘기기도 합니다. 결국 그 책임과 부담은 비정규직, 계약직, 파견직이라는 이름의 노동자들이 지게 되죠.

어느새 우리 사회에는 방송이든 IT 분야이든 할 것 없이 외주화가 넘쳐납니다. 외주가 꼭 나쁜 것은 아니지만 관리·감독의 의무에 충실하지 않을 때는 문제가 발생하죠.

다음 이야기도 볼까요? 지하철 사고가 난 지 2년이 지날 무렵

이번에는 충남 태안의 화력발전소에서 젊은 청년이 또 안타깝게 목숨을 잃었습니다. 석탄을 운반하는 과정에서 생기는 낙탄을 제거하는 것이 그의 일이었죠. 작업 중이던 기계에서 이상이 감지되어 원인이 무엇인지 찾기 위해 좁고 기다란 모양의 기계 속으로 들어갔는데 갑자기 기계가 작동하는 바람에 목숨을 잃는 사고가 일어난 거예요. 원청 업체는 이렇게 이야기합니다. “노동자 잘못”이라고. 책임을 떠넘기는 것이 앞선 지하철 사고를 떠오르게 하지 않나요? 게다가 어둡고 컴컴한 기계 속을 살펴보는 데 필수적 장비인 헤드 랜턴조차 업체에서 지급하지 않아 사비로 손전등을 샀다는 이야기가 씁쓸함을 더합니다.

안전에 대한 책임을 한 개인에게 전가하는 것이 바람직할까요? 안전하게 일할 환경을 만들어 주는 것이 아니라 “너의 안전은 너 스스로 지켜.”라고 말하는 것이 옳은가요?

우리나라에는 산업 현장의 안전에 관한 기준을 제시하고, 사업주가 쾌적한 작업 환경을 조성하도록 규정한 ‘산업 안전 보건법’이 있습니다. 하지만 법이 있음에도 불구하고 매번 되풀이되는 안타까운 사고를 막을 수 있는 더 강력한 대책이 필요하지 않을까요? 우리나라처럼 산업 재해 사망률이 높았던 영국은 중대 사고에 대한 책임을 사업주에게 강력하게 묻고자 2007년 기업 과실치사법(기업 살인법)을 제정했고, 법을 시행한 이후 산재 사망률이 낮아져 EU 가입 국가 중 네 번째로 산재 사망자 수가 적은 나라가 되었다고 합니다.(2016년 기준 10만 명 당 1.46명.)[4]

영국의 기업 살인법을 모델로 하여 우리나라의 산업 안전 보건법을 실효성 있는 법안으로 만들자는 목소리가 오랫동안 국회를 향했습니다. 그리고 마침내 2021년 '중대 재해 기업 처벌법'이 국회 본회의를 통과해, 2022년 시행되었습니다. 기업에서는 이 법이 기업의 경영 활동을 위축시킨다는 우려를, 노동계에서는 5인 미만 사업장을 처벌 대상에서 제외함으로써 사실상 보호받지 못하는 노동자가 많다는 우려를 표했습니다.

이렇듯 한계점이 남아 있지만 노동자가 안전한 환경에서 일을 할 수 있도록 사업주의 책임을 강조하는 법이 만들어진 것은 우리 사회가 한발 진전했다는 의미로 받아들일 수 있습니다. 이를 통해 더 이상 소 잃고 외양간 고치는 일이 없어야 하며, '최악의 산업 재해 국가'라는 오명에서도 벗어나야 합니다.

여기까지 읽고 혹시 이런 생각을 하는 친구들이 있을 수 있겠네요. '아무래도 육체노동을 하는 곳은 사고 위험이 높군. 난 열심히 공부해서 정신노동을 하는 사람이 되어야겠어.'라고요. 과연 산업 재해가 제조업이나 건설업 같은 직군에서만 일어나는 일일까요?

한국인들은 왜 이렇게 일을 많이 할까요?

명절날 오랜만에 만난 친척들이 여러분에게 "공부 잘하고 있니? 반에서 몇 등 해?"라고 물으면 '에잇. 그런 질문은 받고 싶지 않은데…….' 싶을 때가 있죠? 마찬가지로 취업 준비생이나 일을 하고 있지 않은 어른들도 "요즘 무슨 일 해?" "연봉 얼마 받아?"라는 질문은 피하고 싶답니다.(이젠 이런 질문이 명절에 하지 말아야 할 질문이 되어, 서로 조심하는 추세이긴 하지만요.) 지금 학업에 열심히 매진해야 하는 이유를 이야기하다가도 "커서 뭐가 될래?" "뭐 먹고살래?" 하는 식으로 대화가 이어지곤 하죠.

맞아요, 대부분의 사람은 일정 나이가 되면 경제생활을 합니다. 왜 일을 해야 할까요? 그것이 자신의 생계를 유지하기 위한 필수적 행위이기 때문이며, 자신의 잠재력을 드러내고 일을 통해 자아실현을 하기 위함입니다. 일은 개인과 사회에 필수불가결한 것이지만, 때로는 일이 자신의 삶을 속박하고 무너뜨릴 수도 있습니다.

법복을 입고 검사와 변호사의 이야기를 들으며 "피고인을 징역 ○월에 처한다. 땅땅땅", 하고 최종 판결을 내리는 판사. 새벽 3시 의식을 잃은 채 구급차에 실려 온 응급 환자를 급박하게 심폐 소생술로 살려내고는 이마의 땀을 훔치며 한숨 돌리는 의사. "컷" "다시" "OK"를 외치며 촬영 현장에서 방송 제작을 진두지휘하는 PD. 텔레비전 속에 비친 이들의 모습은 하나같이 멋있어 보입니다. 의사, 판사, PD는 청소년들이 선망하는 직업이기도 하고요. 그런데 주말 야근 후 새벽까지 판결문을 쓰다가 집에서 쓰러져 사망한 판사가 있습니다. 설 연휴를 앞두고 응급실을 지키다가 안타깝게 생을 마감한 의사가 있고, 하루 20시간 일해야 하는 살인적인 노동 환경을 고발하고 스스로 목숨을 버린 PD가 있습니다. 모두 업무와 관련한 사망입니다.

임금이 높고 사회적 지위 또한 높은 직종도 산업 재해를 피해 가지 못합니다. 직무상의 책임이 중하거나 장시간 노동을 하는 경우, 과다한 업무나 스트레스로 인해 병을 얻을 수 있고 심지어 죽음에까지 이르게 되는데요. 이와 같은 죽음을 흔히 과로사●라고 하지만 의학적으로 정식 명칭은 아닙니다. 사실 위에 소개한 사례는 너무나 유명해서 뉴스에 오르내린 이야기일 뿐 실제 우리 주변에서는 만성적 과로로 죽음에 이르는 경우가 적지 않아요. 주말에도 휴식 없이 계속 일을 한다 해서 새롭게 만들어진 '월화수목금금금'이라는 표현도 너무나 자연스럽게 쓰이고 있고요.

그러면 한국은 왜 지금과 같은 과로 사회가 되었는지 잠깐 짚어 볼까요? 일제강점기를 거쳐 한국전쟁을 겪은 우리나라는 1950년대만 하더라도 1인당 국민 총소득이 100달러가 채 되지 않던, 세계 최빈국 중 하나였습니다. 그러니 당시 국가의 가장 큰 목표는 국민이 절대 빈곤에서 벗어나는 것, 한국의 경제를 발전시키는 것이었죠.

1960년대부터 국가 주도의 경제 개발이 시작되었고, 여러분이 한 번쯤은 들어 봤을 경제개발5개년계획이 추진됩니다. 1960년대에는 선진국에 비해 낮은 임금 조건을 바탕으로 경공업을, 1970년대에는 중화학 공업을 육성하여 수출을 통한 경제 성장을 꾀한 것이죠. 국가는 매년 수출액을 늘리기 위해 노동자들에게 '더 열심히, 더 성실히'를 강조했고 노동자들은 산업 현장에서 밤낮없이 장시간 노동에 매달렸습니다. 3장에서 살펴봤던 전태일과 신순애 등 평화시장의 노동자들이 살았던 시절이죠. 국가 주도의

◉ **안전보건공단에서는 뇌·심혈관계 질환을 업무상 질병으로 파악하고 있다.**

경제 개발과 많은 노동자의 희생 덕에 한국은 '한강의 기적'을 이룬 나라로 우뚝 서게 되었고, 지금은 세계적으로 손꼽히는 경제 대국이 되었습니다.

전태일이 열악한 노동 환경을 고발하며 세상을 떠난 지 50여 년, 그동안 한국 사회의 노동 환경은 얼마만큼 바뀌었을까요? 2019년 OECD의 근로자 1인당 연평균 노동 시간 통계에 따르면 한국은 1,967시간으로 멕시코, 코스타리카에 이어 3위를 차지했습니다. OECD 평균 1,726시간보다 약 240시간 더 일을 하는 건데요, 하루 8시간을 기준으로 나눠 보면 1년에 한 달 정도를 더 일하는 셈입니다. 연평균 노동 시간이 가장 낮은 덴마크나 독일에 비하면 70일 넘게 더 일을 하는 것이고요. 통계를 보면 한국인들이 일을 많이 한다는 것은 사실이네요.

누구에게나 하루에 주어진 시간은 일정한데 노동하는 시간이 길다면 무엇이 줄어들까요? 그렇습니다. 가장 먼저 수면 시간이 줄게 됩니다. 2016년 직장인을 대상으로 수면 실태를 조사한 결과 평균 수면 시간이 6시간 6분으로, OECD 회원국 평균 수면 시간(8시간 22분)보다 2시간 16분 적었다고 합니다.[5] 직장인들이 점심시간에 잠깐 잠을 잘 수 있는 수면 카페나 힐링 카페가 최근에 많이 등장했는데요. 이런 업종의 탄생 역시 충분한 수면을 취하지 못하는 직장인의 현실이 반영된 것이겠지요. 일하는 시간이 늘어

근로자당 연평균 실제 근로 시간(2019년)

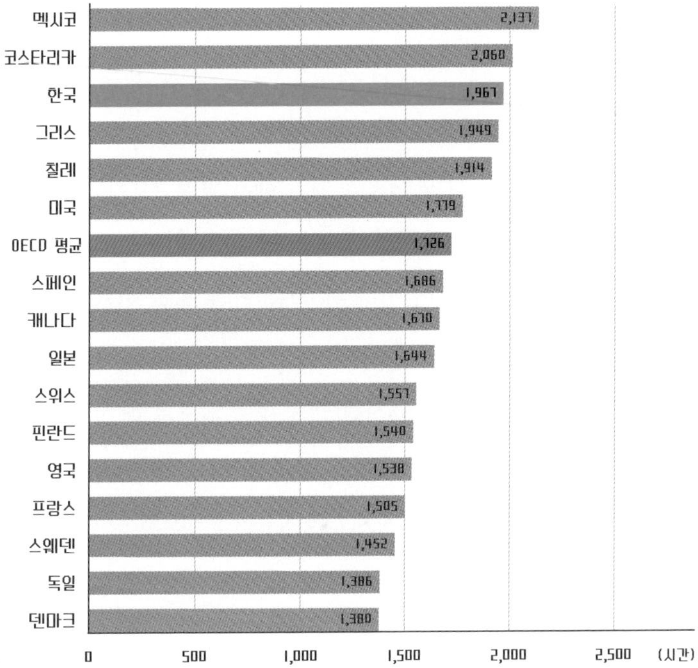

자료: OECD Stat

나면 수면 시간 부족뿐 아니라 취미 활동 등 개인이 여가를 보내는 시간도, 가족이나 친구들과 함께 식사하고 대화하며 인간적 유대 관계를 맺을 시간도 줄어듭니다. 그렇기에 이제는 노동 시간을 줄이고 일과 여가, 일과 가정을 양립하게 하는 것이 당연한 시대 흐름이 되었습니다.

그 흐름에 발맞춰 2004년 근로 기준법 개정을 통해 주 5일 근무제(연장 근로 시간 포함 주 68시간)가 제도화되었고, 2018년 또 한 차례 개정을 통해 주 52시간 근무제(법정 노동 시간 40시간+연장 근로 시간 12시간)가 도입되었습니다. 이제 많은 사람이 저녁이 있는 삶을 살 수 있게 된 것이니 두 팔 벌려 환영해야 하는 일 아닌가요?

하지만 어쩔 수 없이 장시간 노동을 할 수밖에 없는 사람들도 있어요. 기본급이 낮아 잔업이나 특근 등 일과 시간 이외의 연장 근로를 통해 좀 더 많은 수당을 받아야 한 달 생계비를 벌 수 있는 사람들이 있습니다. 주 52시간 근무제 도입으로 오히려 임금이 줄어드는 노동자에 대한 배려가 부족하다는 이야기가 나오는 것은 이 때문이죠. 추가로 일하지 않아도, 곧 8시간의 근무만으로도 살기에 충분한 임금이 보장된다면 어쩔 수 없이 장시간 노동을 택하는 사람들이 줄어들 거예요.

이렇듯 하루의 적정한 노동 시간과 한 달의 적정한 임금 사이의 균형을 맞춰 가기가 쉽진 않지만 "우리는 기계가 아니다!"라는 전태일의 외침처럼 인간은 노동하는 기계가 아니라 노동을 통해 인간다운 삶을 살아가야 하는 존재라는 자명한 사실이 법과 제도 속에 녹아들어야 할 것입니다. 여러분도 대체 우리가 왜 일을 하는지 그 진정한 의미를 잘 생각해 보면 좋겠어요.

밤에도 잠을 자지 않는 사람들

어느 유튜브 영상에서 한국에 살고 있는 외국인에게 "한국에서 살아보니 무엇이 좋은가요?"라고 물었더니 이렇게 대답합니다. "새벽 3시에도 내가 원하는 것을 얻을 수 있어요. 치킨을 먹고 싶으면 바로 먹을 수 있죠." 혹시 여러분도 '그렇지' 하고 고개를 끄덕이고 있나요? 총알배송, 로켓배송, 새벽배송, 샛별배송. 어느새 익숙해진 말들입니다. 전날 저녁까지만 주문하면 이튿날 새벽 현관 문 앞에서 물건을 받아 볼 수 있다니 바쁜 현대인들에게는 이 얼마나 반가운 일인가요? 특히 맞벌이 부부에게는 모바일 앱 버튼을 몇 번 클릭하면 이튿날 아침 식사에 필요한 찬거리를 쉽게 준비할 수 있으니 아주 편리할 거예요. 이 때문에 신선 식품 배송 업계의 시장 규모가 최근 3년 사이에 5배나 성장했다고 합니다.[6]

이렇게 손쉽게 그리고 아주 빠르게 온갖 물건이 내 손에 오기까지 어떤 과정, 어떤 이들의 노동이 있었을까요? 고객이 주문한 물건이 물류 창고에 모이면 그것들을 분류하는 사람이 있을 테죠. 또 그 물품을 택배 차량에 실어 각 구역별로 배송하는 택배 기사들의 노동을 이야기할 수 있을 거예요. 코로나19의 대유행, 사람들의 라이프 스타일 변화로 최근 들어 더 바빠진 새벽배송 업무가 야간 노동의 한 단면이라면, 오랫동안 주야 2교대 근무를 해 온 생산직 노동도 또 하나의 야간 노동 모습입니다. 기업은 비싼 기계를 들여왔으니 투자한 만큼의 효용을 얻기 위해 그 기계를 24시간 가동하고자 합니다. 기계가 밤낮없이 돌아가야 하니 당연히 밤낮없이 일할 노동자가 필요하고 생산 방식에 맞춰 주간·야간 12시간 교대로 일을 하는 것입니다. 또 앞서 살펴봤던 장시간 노동이 자연스레 야간 노동으로 이어지기도 하지요.

시험을 앞두고 한 번씩 벼락치기로 밤을 새 본 친구들이 있을 거예요. 한두 번이야 체력적으로 크게 무리가 안 되겠지만, 매일같이 낮이 아니라 밤에 일한다면 그 사람들의 건강은 과연 괜찮을까요? 세계보건기구(WHO) 산하 국제암연구소(IARC)는 2007년 야간 노동과 교대 근무를 발암 물질로 규정했습니다. 이뿐 아니라 고용노동부의 의뢰를 받아 진행된 어느 연구에 따르면 야간 노동이 작업장 사고, 심혈관 질환, 뇌혈관 질환, 우울증과 같은 정

늦은 밤까지 불이 켜져 있는 사무실 빌딩

신 건강 문제, 수면 장애, 소화성 궤양, 유방암 및 전립선암의 위험을 증가시킨다고 합니다.[7]

밤에 일을 하지만 대신 아침에 퇴근해 충분히 자면 될 것 아니냐고 반문할 수 있겠지만 사람의 생체리듬은 낮에 활발하게 움직이고 밤에 잠을 자도록 맞춰져 있습니다. 그래서 야간 노동을 한 사람들은 그렇지 않은 사람들에 비해 수면 시간도 짧고 수면의 질도 떨어지게 됩니다. 이런 일이 장기간 반복되면 위에서 말한 질병이 발생할 뿐 아니라 작업 현장에서 집중력이나 판단력이 떨어져 실수가 잦을 수 있고, 심지어 그것이 목숨을 잃는 대형 사고로 이어지기도 합니다. 밤에는 잠을 자는 것이 당연한 이치인데도 전체 취업자 10명 중 1명은 밤에 일하고 있는 겁니다.[8] 결코 적은 수치는 아니지요.

물론 치안과 안전을 담당하는 경찰관, 소방관, 응급 상황을 대비해야 하는 의료진과 같이 밤에 일을 해야만 하는 사람들이 있습니다. 하지만 이런 필수 인력을 제외하더라도 여전히 야간 노동을 하는 사람들이 우리 사회에 많습니다. 동네 골목마다 들어선 편의점은 24시간 환히 불을 밝히고 손님을 기다립니다. 새벽 도로는 또 어떤가요? 서울에서는 올빼미버스라고 하여 자정부터 새벽 5시까지 심야 버스가 운행됩니다.

24시간 식당, 24시간 사우나, 24시간 피시방……. 언제 어디서든 쉽게 우리가 원하는 것들을 얻고 이용하는 편리함을 위해 우리는 계속해서 누군가에게 야간 노동을 요구하고 있었던 것은 아닐까요. 기업은 주야 2교대 방식을 주간 연속 근무 방식으로 근무 형태를 바꾸거나 야간 노동자들에게 충분한 휴식과 건강검진을 의무적으로 제공하기 등을 통해 노동자의 건강권을 보장할 구체적 방안을 찾아 가야 할 거예요. 이와 더불어 소비자인 국민들도 야간의 편리함만 포기한다면 누군가의 야간 노동을 줄여 줄 수 있지 않을까요?

이 장의 서두에서 환경미화원의 이야기를 꺼냈었죠. 우리는 환

어두운 새벽 시간, 근무 중인 환경미화원. 최근 서울시 양천구에서는 환경미화원이라는 명칭을 '환경공무관'으로 변경해 부르기로 했다.

경미화원이 해가 진 이후부터 새벽에 일하는 것을 아주 당연하게 여깁니다. 그러나 이웃 나라 일본에서는 청소차가 낮에 다닌다고 해요.[9] 밤에 일을 하면 어두운 탓에 잘 보이지 않아 칼이나 깨진 유리 등 뾰족한 것에 다친다든지 교통사고 등에 노출될 위험이 크기 때문입니다. 환경미화원의 안전과 건강을 좀 더 중요하게 생각한 것이죠.

우리나라에서도 의미 있는 변화가 나타나고 있습니다. 최근 환경미화원의 업무를 주간에 하도록 하고, 이들의 부상을 막기 위해 100L짜리 종량제 봉투를 폐지하는 지방 자치 단체가 늘어나고 있다고 하네요.(100L 봉투를 가득 채우면 무게가 40kg이 넘는다고 합니다.) 또 최근 서울시 양천구에서는 환경미화원의 명칭을 '환경공무관'으로 변경하기로 했어요. 도시 환경을 쾌적하게 유지하는 청소 노동이 공공을 위한 업무, 즉 '공무'라는 것을 명시함으로써 청소 노동에 대한 편견을 걷어 내고자 한 것이죠. 명칭에만 머물지 않고 그에 걸맞은 대우도 뒤따라야겠지요?

이번 장에서 여러분들에게 너무 무시무시한 이야기들을 했네요. 어른이 되면 이렇게 힘들게 살아가는 것인가 하는 두려움을 안긴 것은 아닌지 걱정도 되고요. 하지만 저임금, 장시간 노동, 야간 노동, 산업 재해는 뫼비우스 띠처럼 끊임없이 돌고 돌며 우리 사회를 후퇴하게 만듭니다. 우리 모두가 노력하여 이 악순환을 끊어 내야겠죠. 누가 어디에서 무슨 일을 하든지 행복하고 안전한 환경에서 존중받으며 일하는 것, 바로 모든 국민이 누려야 할 당연한 권리라는 것을 잊지 말았으면 해요.

이런 경우에도 산재보상을 받을 수 있나요?◎

'산재보상'은 산업재해보상보험을 줄여 쓴 말로, 근로자가 업무상의 사유에 따른 부상, 질병, 장애 또는 사망 등 산업 재해를 입었을 때 근로자와 그 가족의 생활을 보장하기 위해 마련된 사회보험 중 하나입니다. 사회보험이란 출산, 실업, 은퇴, 질병, 상해 등 국민에게 발생할 수 있는 사회적 위험에 대비하여 국가가 국민의 건강과 소득을 보장해 주는 보험을 말하는 것이고요. 국민연금, 건강보험, 고용보험, 산재보험을 묶어서 '4대 보험'이라고 부릅니다. 그 가운데 고용보험과 산재보험은 사업주에게 일정한 보험료를 징수하여 기금을 마련하고, 그 기금으로 사업주를 대신하여 국가가 보상해 주는 형태입니다.

Q. 저는 지옥철이라고도 불리는 만원 지하철을 타고 출퇴근을 합니다. 어느 날 지하철을 타려다가 승객들에게 밀쳐져 전치 3주의 부상을 입었습니다. 이 경우에도 산재보상을 받을 수 있나요?

A. 네. 이는 '통상의 출퇴근 재해'에 해당합니다. 과거에는 노동자가

◎ 근로복지공단의 산재보상 적용 사례를 바탕으로 재구성한 것이다.

회사 차나 회사에서 제공한 차량을 이용하던 중 발생한 사고만 산재보상이 가능했으나, 2016년 9월 29일 이후 통상적 경로와 방법(대중교통과 자가용, 도보 등)을 이용하여 출퇴근하는 중 발생한 사고(통상의 출퇴근 재해)도 산재보상이 가능하도록 하는 '통상의 출퇴근 재해 산재보상 제도'가 도입되어 보상을 받을 수 있습니다.

Q. 저는 콜센터에서 근무하고 있습니다. 한 고객의 지속적 폭언 때문에 심장이 두근거리고 식은땀이 나고 집에 와서도 잠을 자지 못합니다. 이로 인해 극심한 우울증 증세도 보이는데 이 경우에도 산재보상을 받을 수 있나요?

A. 네. 이는 업무상 정신적 스트레스가 원인이 되어 발생한 질병으로 산재보상을 받을 수 있는 기준에 해당합니다. 고객, 민원과의 갈등 외에도 직장 상사, 동료 등 업무상 만나는 사람들과의 갈등, 직장 내 괴롭힘, 차별 등이 원인이 되어 정신적 스트레스가 발생하는 경우에도 업무상 재해로 인정되어 보상을 받을 수 있습니다.

Q. 저는 중학교 3학년인데 아르바이트를 하다가 실수로 끓는 물에 손을 데어 화상을 입었어요. 아르바이트생도 산재보상을 받을 수 있나요? 혹시 저희 사장님께서 산재보험에 가입하지 않으셨어도 보상을 받을 수 있나요?

A. 네, 물론입니다. 아르바이트생은 물론 비정규직 및 외국인 노동자도 산재보험의 대상입니다. 이는 업무상 사고에 해당하며 노동자의 부주의로 다친 경우에도 보상을 받을 수 있으며 사용자가 산재보험에 가입하지 않은 경우라도 근로복지공단을 통해 보상 신청을 할 수 있습니다.

STAGE 5

일할 수 없는 사람들

장애인의 노동권,
노인 노동

일할 수 있는 몸,
그렇지 않은 몸
누가 정하나요?

일상생활에서 여러분은 장애인들을 자주 만나나요? 지난 일주일 동안 장애인을 얼마나 만났는지 한번 떠올려 보세요. 아마도 손에 꼽을 만큼 아주 적을 겁니다. 심지어 한 명도 못 만났을 수도 있어요. 실제 우리나라에 장애인이 별로 없어서 그럴까요? 2020년 5월 기준 우리나라의 등록 장애인 수는 총 262만 3,000명으로 전체 인구 대비 5.1%를 차지합니다. 결코 적은 수가 아니라는 이야기죠. 그럼에도 우리가 일상생활에서 장애인을 만나기가 쉽지 않다면 그것은 장애인들이 집 밖으로 나오기가 그만큼 힘든 사회라는 사실을 반증하는 겁니다.

비장애인에게는 너무나 익숙한 버스 계단, 지하철역 계단, 아주 좁은 인도 등이 장애인에게는 큰 걸림돌로 여겨집니다. 그래서 한 공익광고에서는 휠체어를 탄 장애인 앞에 놓인 계단을 거대한 에베레스트산으로 묘사하기도 했었죠. 내가 원하는 곳을 마음대로 다닐 수 있는 이동권 확보를 위해 장애인 인권 단체를 비롯해 많은 사람이 오랫동안 노력해 왔어요. 그 결과 저상 버스 도입, 지하철 엘리베이터 설치 등 장애인들이 거리를 편히 다닐 수 있도록 지원하는 시스템이 갖춰지는 등 점차 개선되는 중입니다.

그런데요, 이처럼 장애인이 집 밖의 공간을 이용하는 것도 쉽지 않았었는데, 과연 집 밖에서 일하는 것은 어땠을까요? 앞에서 우리는 한 인간에게 노동이 어떤 의미를 가지는지 생각해 봤습니다. 장애인들도 당연히 일을 하고 싶겠지요. 2017년의 보건복지부 조사에 따르면 장애인들이 원하는 복지 서비스로 고용 보장이 소득 보장, 의료 보장에 이어 세 번째로 높은 순위를 차지했습니다. 비장애인과 마찬가지로 장애인 역시 노동을 통해 스스로 삶을 꾸려 나가고 싶은 욕구, 일을 통한 자아실현의 욕구를 가지고 있다는 의미입니다.

그러나 이 욕구를 충족하기 위한 전제 조건인 교육을 받을 수 있는 여건은 우리 사회에 아직 충분하지 않습니다. 서울시만 하더라도 자치구 25개 중 특수학교가 설립되지 않은 구가 8개나 됩니다. 그러니 인근에 특수학교가 없다면 교육을 받기 위해 다른 지역으로 먼 거리를 통학해야만 하는 어려움이 생길 수밖에요.

서울시 자치구별 특수학교 현황(2020년)

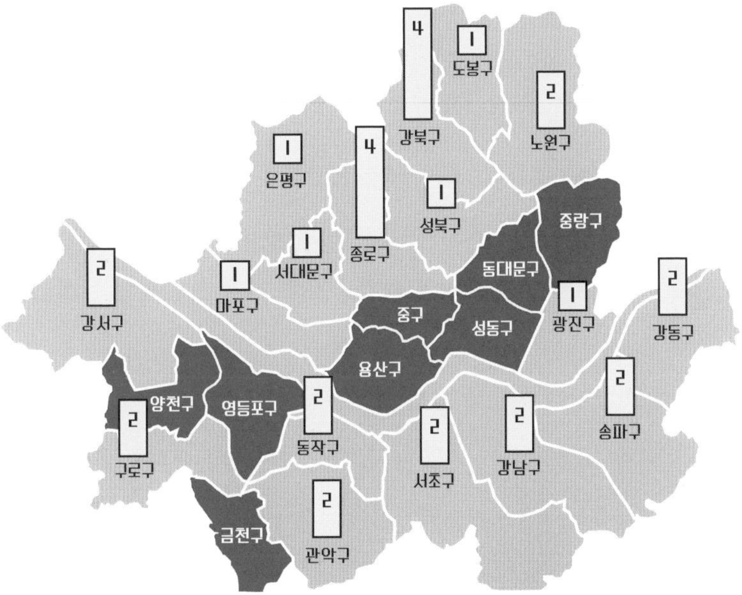

■ 특수학교가 없는 자치구

자료: 서울특별시

과거에 비해 장애인들이 교육받는 비율이 꾸준히 높아지고 있는 추세라지만 여전히 고등 교육을 받는 비율이 비장애인들에 비해 낮아 중학교 이하 학력을 가진 사람이 절반 가까이 된다고 합니다.[1] 또한 대학에 진학한다 해도 이들이 수업을 듣는 데 도움을 줄 보조 인력(속기사, 수어 통역사, 이동 보조자 등)이 턱없이 부족해 비장애 학생에 비해 중도 탈락률이 높다고 합니다. 2020년 국립특수

교육원에서 실시한 '장애 대학생 교육 복지 지원 실태 평가'에 따르면 전국 대학 캠퍼스 10곳 중 3곳이 '개선 요망' 등급을 받았습니다.[2] 조금씩 좋아지고 있지만 여전히 장애인의 학습권 보장이 제대로 이루어지지 않는 거죠.

이런 어려운 배움의 여건 속에서도 장애인들은 비장애인들과 마찬가지로 사회에 나갈 준비를 마칩니다. 그런데 이때 취업 시장에서 장애인과 비장애인이 취업을 위해 똑같은 출발선에 서는 것이 평등일까요?

장애인도 장애 정도에 따라 얼마든지 일을 할 수 있습니다. 하지만 장애 유형에 따라 가능한 직무를 분석하여 적절한 일을 부여하는 기업은 드뭅니다. 함께 일하는 비장애인들도 단지 장애인이라는 이유로 편견을 갖고 동료로 대우해 주지 않는 경우가 발생하기도 하죠.[3] 앞서 말했던 '평등'에는 모든 사람을 똑같이 대우한다는 뜻도 있지만 같은 것은 같게, 다른 것은 다르게 취급해야 한다는 의미 또한 포함되어 있습니다.

장애인들이 처한 상황이 다르므로 그들에게 좀 더 실질적으로 가닿는 기회의 평등을 실현하고자 만든 법이 있어요. 바로 '장애인 고용 촉진 및 직업 재활법'입니다. 이 법에 따라 국가와 지방자치 단체, 공공 기관, 일정 규모 이상의 기업에서 공무원이나 근로자를 고용할 때 일정 비율 이상은 장애인을 고용해야 합니다.

민간 부문의 장애인 의무 고용률과 실제 고용률 추이

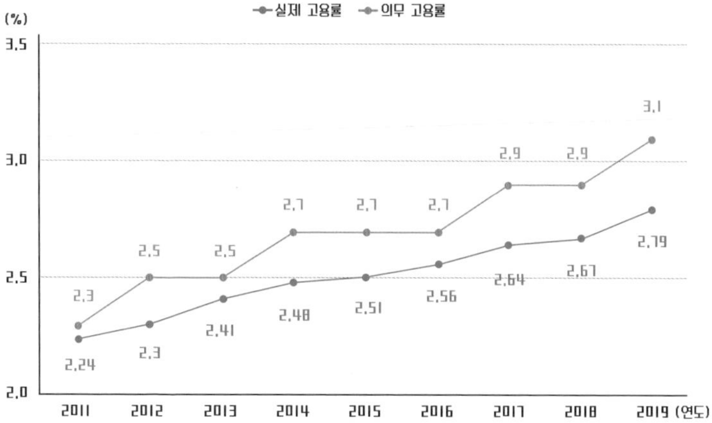

자료: 고용노동부, 〈장애인 고용 계획 및 실시 상황 보고 자료〉

그런데 민간 기업에서 장애인을 고용하는 비율은 높지 않습니다. 아무래도 장애인의 노동 생산성은 낮으리라는 생각 때문에, 즉 장애인 한 사람이 일정 기간 만들어 내는 생산물의 양이 많지 않다고 생각하기 때문에 이윤을 목적으로 하는 기업 입장에서는 장애인 고용에 소극적인 편입니다. 의무 고용률에 미달하면 벌금 성격의 부담금을 납부해야 하는데 기업 입장에서는 장애인을 고용하기보다는 부담금을 납부하는 쪽을 선택합니다. 오히려 민간의 사회적 기업[●]에서 장애인들의 일자리 창출을 위해 많이 노력하는 편이죠. 몇 가지 사례를 살펴볼까요?

2000년대 초반부터 지금까지 우리나라 국민의 커피 소비량이 해마다 증가하고 있습니다. 당연히 외국에서 수입해 오는 원두량도 세계 상위권이랍니다. 원두를 수입해 판매하는 사회적 기업 커피지아는 불량 원두를 손으로 선별하는 일을 발달 장애인에게 맡겼습니다. 보통 사람들은 단순하고 반복된 일에 쉽게 지치지만 자폐증 등을 겪는 발달 장애인들은 오히려 한 가지 행위를 하는 데 집중력과 끈기를 발휘해 많은 커피콩 속에서 정확하게 불량 원두를 골라낸다고 하네요. 바로 이런 방식으로 각각의 장애 특성에 맞는 일을 하게 한다면 장애인들도 얼마든지 사회에서 자신의 몫을 감당하며 즐겁게 일할 수 있지 않을까요?

이번에는 시각 장애인들의 이야기를 해 볼까요? 보통 시각 장애인들이 가장 많이 받는 직업 교육은 안마사 교육입니다. 헌법 제15조에 따르면 "모든 국민은 직업을 선택할 권리를 가진다."라는데, 어쩐지 시각 장애인들에게는 직업을 선택할 수 있는 폭이 너무 제한적인 것으로 보이네요. 내가 원해서 선택하는 게 아니라 받아들일 수밖에 없는 몇 개의 선택지가 주어진 것이라면 과연 그 일을 하면서 크게 보람을 느낄 수 있을까요?

◎ 사회적 약자에게 일자리나 사회적 서비스를 제공하는 등 사회적 목적을 우선으로 영업 활동을 수행하는 기업이다.

시각 장애인들의 좁은 직업 선택의 문을 한 뼘 넓혀 준 사회적 기업이 있습니다. 지금 이 책을 읽고 있는 여러분 중에도 전화로 영어를 배우는 친구들이 있을 거예요. 학원에 갈 시간이 없는 바쁜 직장인들도 전화로 영어를 배우고는 하죠. 그렇다면 반대로 외국인이 전화로 한국어를 배우는 경우를 떠올려 볼까요? 케이팝 열풍 등으로 한국 유학이나 취업을 준비하는 사람들이 많아져 한국어 수업에 대한 수요도 점차 늘고 있습니다. 코리안앳유어도어(korean at your door)라는 회사는 여기에 착안하여 외국인들에게 일대일로 한국어를 가르쳐 주는 전화 한국어 서비스를 만들었고, 강사를 모두 시각 장애인으로 채용했어요. 이로써 시각 장애인도 한국어 교사라는 멋진 꿈을 펼치게 되었고요.

여러분은 다른 사람과 대화할 때 직접 눈을 보며 이야기하는 것이 편한가요, 전화로 이야기 나누는 것이 편한가요? 아니면 모바일 메신저로 이야기 나누는 것이 편한가요? 한 기사에 따르면 MZ세대●는 패스트푸드점에서 키오스크로 주문하고, 전화보다는 배달 애플리케이션을 통해 음식을 주문한다고 해요.[4] 디지털에 익숙하여 사람들과의 대면을 도리어 불편해하고 최대한 줄이

● 1980년대 초반~1990년대 중반에 태어난 밀레니얼 세대와 1990년대 중반~2000년대 초반에 태어난 Z세대를 통칭하는 말이다. 이들은 디지털 환경에 익숙하며 모바일을 우선적으로 사용한다는 특징을 가진다.

려는 경향을 가지고 있다는 겁니다. 그래서 최근 몇 년 전부터 이 세대를 타깃으로 비대면 마케팅이 붐을 이뤘습니다. 그러다가 코로나19 대유행을 계기로 사회는 점점 타인과의 접촉을 최소화하는 비대면 마케팅, 언택트(untact) 서비스가 일상화되고 있어요. '장애인 노동에 대한 이야기를 하다가 갑자기 웬 언택트?' 하고 고개를 갸우뚱하고 있나요? 지금부터 비대면 서비스의 일상화가 장애인 일자리 창출에 어떤 영향을 주었는지 이야기해 볼게요.

청각 장애인은 일반적으로 수어, 즉 수화 언어로 대화를 나눕니다. 그러다 보니 수어를 알지 못하는 비장애인들과의 소통이 쉽지 않습니다. 함께 일하는 것은 더더욱 힘든 일이라 여겨지기도 하고요. 그런데 CJ택배에서 청각 장애인을 고용하여 아파트 단지 내의 거점으로 배송된 택배 물품을 청각 장애인 배송원이 각 가정에 전달해 주는 서비스를 시범적으로 시작했습니다. 택배로 물건을 주문해 본 친구들은 잘 알겠지만, 택배가 업체에서 발송된 뒤 택배받을 장소를 선택하거나 나의 택배가 어디까지 왔는지 확인하는 과정은 모두 모바일을 통해 이루어집니다. 그러니 고객을 직접 상대하지 않아도 되고 굳이 구어로 말하지 않더라도 문자를 통해 충분히 일을 할 수 있으니 청각 장애를 가진 것이 일하는 데 전혀 걸림돌이 되지 않는 것이죠.

여러분 주변에 장애인이 없다고 해서 장애인 인권이나 장애인

복지를 먼 나라 이야기로 생각하지는 않았나요? 사실 장애인 10명 중의 9명은 후천적으로 장애 원인을 갖게 되었다고 해요.[5] 누구든지 건강하게 살아가다가 질병이나 사고를 입어 장애인이 될 수 있기에 결코 남의 일만은 아닌 겁니다. 헌법 제32조는 "모든 국민은 근로의 권리를 가진다."라고 명시하고 있어요. 국가가 "사회적·경제적 방법으로 근로자의 고용 증진"에 힘써야 한다고 덧붙였고요. 이 법이 일하고 싶어 하는 장애인에게도 예외가 되어서는 안 될 거예요. 언젠가 여러분이 일하는 공간에서 장애인을 동료로 만날 수도 있고, 또 직접 회사를 운영하는 대표가 되어 장애인을 고용할 수도 있겠죠. 장애인과 비장애인이 일터에서 함께 일하는 행복한 사회, 우리 함께 그려 볼까요?

우리는 언제까지 일을 하게 될까요?

여러분은 몇 살까지 살고 싶은가요? 이제 세상에 나온 지 십 몇 년 남짓 된 여러분에게는 너무 멀게 느껴지는 질문인가요? 나이가 든다는 것, 노인이 된다는 것은 그다지 상상해 보지 않았겠지만, 이번에는 노인의 노동에 대해 이야기해 보려고 해요. 과거에는 만으로 60세가 되면 장수의 기쁨을 나누기 위해 여러 사람을 초대해 환갑잔치를 했습니다. 그러나 지금은 환갑을 크게 기념하지 않아요. 요즘은 60세까지 산다는 것이 너무도 평범한 일이 되었고, 더군다나 한국인은 평균 수명이 83.3세로 OECD 상위권에 속하거든요.

사람은 태어나서 유년기, 청소년기, 청년기, 중장년기, 노년기를 거치게 됩니다. 이것을 '생애 주기'라고 하죠. 이제 우리의 수

명이 늘어났으니 생애 주기도 더 길어지는데, 특히 노년기 부분이 점점 길어지겠죠. 사람마다 다르겠지만 때가 되면 각자 자신이 하던 일에서 은퇴를 하게 됩니다.

은퇴라는 단어를 떠올리면 어떤 생각이 드나요? '그동안 먹고 사느라 고생했어. 지금부터 내 삶을 위해 멋지게 살아야지.'라는 생각도 들 거예요. 여행을 다니고, 취미 생활을 하고, 새롭게 배우고 싶은 것들을 학습하고, 다른 사람을 위해 봉사하며 나에게 주어진 삶의 여분의 시간을 알차게 보내고 싶은 마음이 있죠. 하지만 그러기 위해서는 전제 조건이 필요해요. 일을 하지 않아도 될 만큼의 자산이 있어야 하는 거죠. 그래야만 은퇴 이후의 시간을 오롯이 자신을 위해 보낼 수 있을 거예요.

우리나라의 은퇴 노인들은 노후 준비가 얼마나 되어 있을까요? 우리나라 노동자들은 일을 하는 동안 국가에 보험료를 납부했다가 노령에 도달하면 국가로부터 매달 일정 금액으로 연금을 받을 수 있습니다. 이것을 국민연금이라고 해요. 하지만 우리나라는 은퇴자들의 연금에 의한 소득 대체율◉이 다른 나라에 비해 낮은 편입니다.(2017년 기준 OECD 회원국 평균은 65.9%인 반면, 한국은 39.3%입니다.)[6] 그래서 많은 사람이 국민연금뿐 아니라 저축이나 개인 연금을 통

◉ 은퇴 전 소득 대비 은퇴 후 연금 소득의 비율

해 별도의 노후 준비를 추가로 하는데, 그럼에도 충분한 노후 생활을 영위할 수 있는 사람은 많지 않습니다. 2018년 OECD 통계에 따르면 한국의 노인 빈곤율◎은 43.6%로 OECD 회원국 가운데 1위라고 하는데요, 우리 사회 노인들이 처한 힘든 현실을 잘 보여 줍니다. 여유 있는 노후 생활을 즐기기는커녕 여전히 생계를 걱정해야만 하는 분들이 많습니다.

전문적 지식이나 특별한 기술이 없는 노인들이 생계를 위해 가장 많이 하는 일은 폐지를 줍는 일입니다. 길을 걷다 도로나 골목에서 리어카나 유모차를 끌고 폐지를 줍는 노인들을 종종 보았을 거예요. 보통 리어카 하나를 꽉 채우면 100kg 정도인데요, 2~3일은 꼬박 해야 채울 수 있다네요. 요즘 시세로 폐지 1kg의 가격이 60원 정도이니 리어카 한 대를 가득 채우고 받는 돈이라고 해 봐야 6,000원 남짓, 최저 시급에도 미치지 못하는 돈입니다. 일하느라 들인 시간과 노력에 비해 대가가 턱없이 낮죠.

물론 상황이 조금 나은 곳도 있습니다. 공공 근로라고 하여 지방 자치 단체에서 노인들에게 일을 할 수 있는 여건을 만들어 줍니다. 하루 3시간 일하고 한 달에 27만 원 정도의 수입을 벌 수 있으니 폐지 줍기보다는 노인들에게 여간 도움이 되는 게 아닙니

◎ 65세 이상 노인 인구 중 중위 소득 50% 이하의 소득을 가진 노인의 비율

다. 하지만 공공 근로는 기초 수급자만 참여할 수 있어요.

여기까지 읽으니 혹 일하는 노인이 모두 불쌍한 존재로 생각되나요? 생계유지를 위해 어쩔 수 없이 일하는 노인도 있지만 일을 하고 싶어 하는 노인도 많습니다. 내가 가진 능력을 계속 발휘하기 위해, 내가 번 돈으로 손주들에게 용돈 주는 기쁨을 느끼기 위해, 소일거리라도 하며 하루를 보내기 위해 등등 다양한 이유로 일하고 싶은 거예요.

대표적인 노인 일자리로 실버퀵이라는 것이 있습니다. 노인들의 흰머리를 멋진 은발로 비유한 '실버'와 여러분이 잘 아는 퀵서비스의 '퀵'을 합성한 단어입니다. 말 그대로 노인들이 물건을 배달하는 서비스인데, 실버퀵은 차량을 통해 배달하는 것이 아니라 지하철을 이용하여 도보로 고객에게 물건을 전하는 것이 일반적입니다. 혹시 지하철 안에서 꽃이라든가 쇼핑 가방을 많이 들고 있는 노인을 만난다면 그분은 어쩌면 실버퀵 일을 하고 있는 중인지도 모릅니다.

일하고자 하는 노인들의 욕구를 충족하고 노인 일자리를 창출하기 위해 정부에서 다양한 사업을 펼치기도 합니다. 사회 서비스 형태로 지역 사회에서 돌봄 역할을 수행하는 사업도 한답니다. 예컨대 학교 앞 횡단보도에서 교통 지도를 하는 일, 학교에서 급식 지도를 하는 일, 유치원에서 어린이들에게 동화 구연을 해 주는 일 등이 있습니다. 이렇게 지역 사회에서 일을 한다는 것은 노인들에게 큰 유익함을 줍니다. 한 연구 결과[7]에 따르면 노인 일자리 사업에 참여한 노인이 참여하지 않은 노인보다 자아 존중감과 생활 만족도가 높다고 해요. 또한 노인들의 노동은 노인들에 대한 다른 세대의 인식을 개선하는 데에도 크게 도움을 줍니다.

젊은 세대 사이에서 노인에 대한 이해나 공경심, 존경의 마음이 과거에 비해 많이 퇴색되고 있어요. 그러나 우리 사회가 노인들의 노동을 계속 필요로 하고, 우리 일상 어디서나 노인들이 즐겁게 일하는 모습을 볼 수 있다면 노인 또한 우리 사회의 소중한 일원이라는 긍정적 인식이 널리 퍼지지 않을까요?

신체적으로 꾸준히 활동하는 노인들이 많다면 그만큼 정부가 지원해야 하는 복지 재정 부담 역시 줄어들 테니 국가 입장에서도 좋은 일이겠죠. '음, 노인들이 계속 일하는 사회가 나쁘지 않군.'이라는 생각이 조금 드나요? 그러나 실제 한국의 법정 정년은 만 60세입니다. 나이는 숫자일 뿐 신체적 능력은 물론 일할 능력을 갖추고 있더라도 일하는 현장에서는 은퇴를 종용합니다. 통상적으로 일을 할 수 있는 나이를 만 15세에서 64세로 보는데, 이것을 '생산 가능 인구'라고 합니다. 우리나라는 생산 가능 인구가 2017년에 정점을 찍은 후 점차 낮아지는 추세입니다. 그래서 생산 가능 인구의 감소 문제를 해결하기 위해서라도 정년을 좀 더

실버카페에서 노인들이 일하고 있는 모습

연장하자는 이야기가 나오고 있지요. 실제로 초고령 사회인 일본에서는 직원이 희망한다면 정년을 65세로 연장할 수 있고 최근에는 70세, 80세까지 정년을 보장하는, 사실상 정년 소멸 정책이 시행되고 있다고 합니다.

우리나라 역시 정년을 연장하면 노인들의 소득 측면이나 사회적 차원에서는 바람직할 거예요. 하지만 일자리 측면에서 보면 마냥 반길 수만은 없습니다. 일자리는 한정되어 있기에 나이 든 사람이 은퇴를 해야 새로운 자리가 생기고 그곳에 젊은 사람이 신규 진입을 할 수 있지요. 물론 어떤 일자리가 노인들만을 위한 것일 때는 문제가 되지 않을 거예요. 하지만 일반 회사나 공장, 서비스 업체 등 젊은 층과 노년층이 그 일자리를 두고 경쟁해야 한다면, 사회적 갈등의 소지도 없지 않거든요. 경제 규모는 그대로인데 정년만 연장한다면 청년들의 일자리는 줄어들 수밖에 없겠지요.

현재 한국 사회에는 노인들의 노동에 대해 두 가지 과제가 주어져 있습니다. 생계유지가 절실해 경제적 목적으로 노동을 해야만 하는 사람들, 그리고 나이가 들었지만 여전히 일을 통해 사회적으로 기여하고 싶은 사람들. 이 두 그룹의 욕구를 어떻게 충족할 수 있을까요? 고령 사회로 접어든 만큼 꼭 해결해야 할 문제입니다. 여러분도 함께 고민해 보면 어떨까요? 언젠가 다가올 우리 모두의 문제이기도 하니까요.

다시 일할 수 있도록, 노숙인 자립 지원

서울역이나 지하철역 안에서 종이 박스를 이불 삼아 한뎃잠을 자는 사람들을 봅니다. 여러분은 노숙인을 어떤 눈으로 보고 있나요? '일하지 않는 자 먹지도 말라.'라는 표현에 동의하며 '일을 하지 않고 구걸로 연명하다니, 좀 한심해 보여.'라고 생각할 수도 있을 겁니다. 왜 거리에서 생활하게 되었는지 개개인의 사연을 다 헤아릴 수는 없겠지요. 하지만 그들 중에는 노숙 생활을 접고 사회로 복귀하기를 희망하는 사람이 많습니다.

노숙 생활이 지속되다 보면 다시 일하겠다는 마음을 먹기가 어렵다고 합니다. '내가 과연 사회에 나가 다시 일할 수 있겠어?' 하는 내면의 두려움이 크다는 거예요. 이런 노숙인들의 자립을 돕기 위해 탄생한 잡지가 있습니다. 바로 《빅이슈(Big Issue)》입니다. 1991년 영국에서 노숙인을 지원하고자 만든 것이 시초가 되었는데 이 잡지를 창간한 사람인 존 버드 역시 노숙인 출신이랍니다. 존 버드는 이렇게 이야기합니다.[8]

우리가 하는 일은 그들의 자활을 위한 것입니다. 그러나 우리가 해 줄 수 있는 가장 큰 것은 동등한 관계입니다. 이 잡지를 자랑스럽게 판매하는 노숙자와 즐겁게 사서 보는 자들이 만났을 때 서로 동등하다고 느끼는 것입니다.

2010년 한국에서도 노숙인들의 자립을 돕기 위해 빅이슈 코리아가 만들어졌습니다. 노숙인들이 빨간 조끼를 입고 주로 지하철역 부근에서 《빅이슈》를 판매하지요. 구걸이 아닌 자신의 노동으로 돈을 버는 《빅이슈》 판매원의 삶을 살게 된 겁니다.

처음부터 판매원 생활이 순탄히 이뤄지는 것은 아닙니다. 그동안 사람들과의 교류가 적었던 터라 능숙하게 판매하기까지 시간이 조금 필요할 겁니다. 하지만 어느덧 "빅이슈입니다" "이번 호에는 배우 ○○○의 기사가 실려 있습니다" 큰 소리로 외치는 판매원으로 거듭납니다. 그간의 무력감과 의기소침함을 깨고 사람들 가까이 성큼 다가가는 것이죠.

잡지 한 권(7,000원)을 팔면 잡지 금액의 50%가 그들의 소득이 됩니다. 매일매일의 판매 활동을 통해 6개월간 150만 원 이상을 저축하면 임대 주택에서 살 기회가 주어져요.(빅이슈 코리아는 LH의 주거 취약 계층 매입 임대 주택 사업의 운영 기관입니다.) 이러한 구체적 목표가 《빅이슈》 판매원들에게 조금 더 힘을 내서 자력으로 살아갈 원동력이 되어 주죠. 길거리 삶을 청산하고 방 한 칸을 마련한 노숙인들은 다시 시작할 용기를 얻고 재취업을 통해 당당히 사회에 복귀합니다. 실제로 2020년 5월 기준으로 49명이 재취업에 성공했고 99가구가 매입 임대 주택에 입주해 안정적인 보금자리를 마련했다고 합니다.

여러분도 한 번쯤은 군것질 대신 《빅이슈》 한 권을 사 보면 어떨까요. 잡지 한 권을 구매하는 것 이상의, 다른 사람의 삶을 응원하는 의미 있는 일이랍니다.

STAGE 6

좋은 일자리와 꺼려지는 일자리

청년 실업,

이중 노동 시장, 이주 노동

대학을 졸업해도 좋은 일자리를 가지기 어렵다고요?

여러분은 무엇 때문에 스트레스를 가장 많이 받나요? 우리나라 아동과 청소년들은 스트레스를 받는 가장 큰 요인으로 '학업'을 꼽았다고 해요.[1] 학업의 중압감으로 많은 청소년이 수면 부족에 시달리기도 하고요. 그렇다면 왜 우리는 학문과 기술을 배우고 익히는 공부를 몸과 마음이 상하면서까지 하는 걸까요? 아마도 그건 우리가 하는 공부가 좋은 대학에 입학하기 위한 경쟁 속에 놓여 있기 때문일 거예요. 다른 친구들보다 더 높은 점수를 받아야 하기 때문에 더 많은 공부량이 필요하다는 압박을 느끼는 거죠.

그런데 대학은 왜 가야 할까요? 이른바 좋은 대학에 가려고 하는 이유는 뭘까요? 좋은 대학을 졸업하면 이후 구직을 할 때 원하는 직장에 취직할 가능성을 높여 준다는 믿음 때문일 거예요. 취업이 어려운 시대이니 최종 학력이 높을수록, 그리고 출신 대학의 사회적 평판이 좋을수록 취업이 더 잘 되리라 생각하는 거죠. 하지만 현실은 달라요. 갈수록 취업난이 심해지면서, 대학을 졸업해도 구직에 어려움을 겪습니다.

교육부와 한국교육개발원이 발표한 통계에 따르면, 2019년 대학 및 대학원 졸업자의 취업률이 67.1%에 불과하고, 대졸 취업자 5명 중 1명이 취업 후 1년 안에 일자리를 옮겼다고 하네요.[2] 취직도 어렵고, 어렵게 구한 직장이지만 마음에 들지 않아 많은 사람이 이직을 하는 것이죠. 심지어 대학 입시에서 가장 인기가 높은 대학교의 상경 계열(경제학과, 경영학과 등 상업 활동과 관련한 학문을 다루는 학과)에 다니는 대학생들도 취직이 어려워 더 높은 스펙을 갖기 위해 대학원에 입학하는 경우도 많다고 합니다.[3] 사회적 평판이 높은 대학을 졸업하거나 기업이 원하는 공부를 했더라도 취업이 마찬가지로 어려운 상황이라는 이야기예요.

'대학을 졸업해도 취업하기가 이렇듯 힘겹다면 4년 이상의 청춘 그리고 한 학기당 수백만 원에 이르는 비싼 등록금을 들이면서까지 대학을 꼭 다녀야 하나?'라는 생각마저 듭니다. 하지만 아이러니하게도, 취업난이 심해질수록 대학에 진학하고자 하는 학생들이 많아집니다. 그것은 '대학 졸업장'이라는 대다수의 사람들이 가지는 스펙을 자신도 가져야 좋은 일자리를 가질 가능성이 조금이라도 높아진다고 생각하기 때문이죠. 실제로 우리나라 고등교육 이수율은 69.8%라고 합니다. OECD 평균 45%에 비해 아주 높은 비율이죠.[4] 평판이 높은 대학에 입학하기 위해서 재수, 삼수를 하는 사람들도 많아요.

이 모습은 우리 사회에 '좋은 일자리'가 워낙 적은 데서 비롯되는 문제입니다. 흔히 '좋은 일자리'라고 하면 높은 임금, 쾌적한 근무 환경, 다양한 복지 혜택 등이 떠오르는데요. 현재 우리나라는 좋은 일자리와 그렇지 않은 일자리 사이 노동 조건의 격차가 크게 벌어진 상황입니다. 이를 '이중 노동 시장'이라 부르는데요. 고임금, 높은 고용 안정성, 쾌적한 노동 환경을 갖춘 '1차 노동 시장'과 저임금, 낮은 고용 안정성, 열악한 노동 환경 등이 주어지는 '2차 노동 시장'으로 취업 시장의 구분이 뚜렷해지는 현상입니다.

1차와 2차 노동 시장을 가르는 기본 구분은 '정규직'과 '비정규직'입니다. 좋은 일자리의 조건 중 하나는 내가 원하지 않는 한 일을 그만두지 않을 수 있는 권리가 보장되는 것인데, 이를 '고용 안정성'이라고 합니다. 정규직은 "사용자와 직접 근로 계약을 체결하여 사업장 내에서 전일제(full-time)로 근무하면서 근로 계약 기간을 정하지 않고, 정년까지 고용이 보장"[5]되는 형태입니다. 2020년 8월 근로 형태별 노동자 수와 비율을 보면, 우리나라 임금 노동자 2,044만 명 중 정규직은 1,302만 명(63.7%), 비정규직은 742

한국의 이중 노동 시장 구조

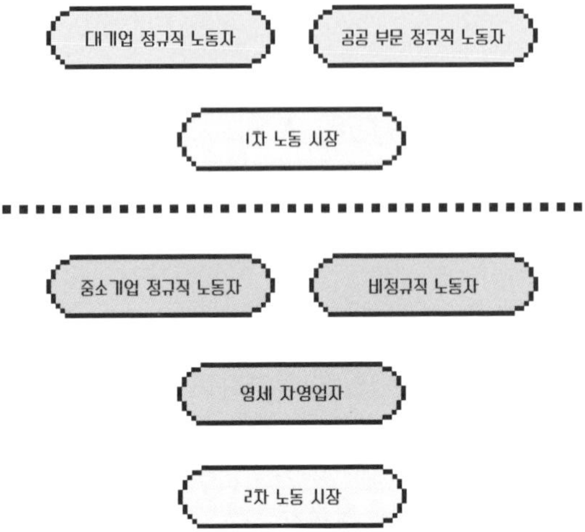

만 명(36.3%)입니다.[6] 3분의 1 이상이 비정규직으로 채용된 노동자라는 건데요. 더구나 정규직이어도 영세 기업(경영 규모가 작은 기업)의 노동자처럼 임금이 낮거나 노동 조건이 열악한 노동자와, 취업 인구의 30%에 달하는 영세 자영업자를 포함하면 불안정한 고용 조건에 놓인 '2차 노동 시장'의 노동자는 훨씬 더 많으리라고 짐작할 수 있습니다.[7]

고용 안정성 외에도 정규직과 비정규직 간 차별이 또 있습니다. 우선 앞서도 언급했듯이 월평균 임금이 정규직 323만 4,000원, 비정규직 171만 1,000원으로 격차가 크고요.[8] 게다가 보편적

복지 제도가 폭넓게 자리 잡지 못한 우리나라에서는 기업에서 제공하는 복지가 노동자의 삶의 질에 큰 영향을 미치는데요. 기업이 복지 정책으로 지원해 주는 낮은 금리의 대출과 여가비, 의료 및 휴양 시설 이용 지원, 자녀 학자금 지원 등 다양한 혜택을 받는 정규직에 비해, 비정규직 노동자는 복지는커녕 고용보험 등 기본적인 사회 보험조차 가입되지 않는 경우가 많아요. 실제로 2019년 비정규직 노동자의 고용보험 가입률은 정규직(94.4%)에 비해 20.4% 낮은 74%에 불과했다고 합니다.[9] 고용 보험료는 사용자와 노동자가 절반씩 부담하게 되어 있는데, 현장에서는 사용자가 노동자에게 임금을 더 주는 대신 고용보험 가입은 회피하는 경우가 많다고 하네요.

이처럼 어떤 일자리냐에 따라 급여나 복지 수준이 크게 차이가 나기 때문에 사람들은 좋은 일자리인 1차 노동 시장에 진입하기 위해 애씁니다. 하지만 1차 노동 시장에 속하는 일자리는 전체 노동 시장의 11%에 불과하다고 해요.[10] 취업을 준비하는 청년들이 과도한 경쟁 상황에 놓이는 이유입니다.

비정규직, 왜 생겨났을까요?

여러분은 1997년 IMF(국제 통화 기금) 외환 위기 사태를 어떤 사건으로 알고 있나요? 친구 사이에도 돈을 빌렸다가 못 갚는 상황이 벌어질 수 있듯이, 이 사태도 '우리나라가 단지 외국에 빚을 진 거 아닌가?' '국민들의 금 모으기 운동과 기업의 경영 혁신으로 빌린 외화를 다 갚아서 잘 극복한 옛일 아닌가?'라고 생각할 수 있어요. 언뜻 생각하면 맞는 말입니다.

당시 태국에서 시작된 금융 위기가 아시아의 여러 국가에 영향을 끼쳐 경제 위기가 닥쳤어요. 애초 우리나라가 이룩한 산업화는 수출 주도형이었고, 그래서 상품과 자본의 해외 의존도가 높았어요. 그런데 아시아 금융 위기의 영향으로 외국 투자자들이 우리나라에 투입했던 자본을 거둬들여 빠져나갑니다. 이에 국제

거래를 할 때 주요한 통화로 쓰이는 달러가 부족해지는 '외환 위기'를 겪게 된 것입니다. 결국 1997년 12월, 우리나라 정부는 IMF에 긴급 융자를 신청할 수밖에 없었지요.

그런데 이 사태를 좀 더 깊숙이 들여다보면, 단순히 IMF로부터 돈을 빌리고 갚는 문제가 아니라는 것을 알 수 있습니다. 이미 1980년대부터 전 세계를 휩쓸고 있던 '신자유주의'라는 경제 및 시장 운영 원리가 우리 눈앞에 바짝 다가온 거였어요. 이것이 어떤 의미인지 알려면 자본주의 체제에서 유행한 시장 운영 원리의 시기별 변화를 파악해 보아야 해요.

자본주의 시장 경제가 출현한 후 국가의 개입을 최소화하고 시장의 개인과 기업 들의 자유로운 경제 행위를 보장하는 '자유방임주의'가 오랫동안 이어집니다. 그러나 빈부 격차, 환경 파괴, 심지어 극심한 경제 침체기인 '공황'이 주기적으로 발생합니다. 그중 1929년 미국에서 발생한 '대공황'이 역사적으로 유명한데요. 당시 미국인 노동자의 3분의 1이 실업자가 되는 등 '시장의 실패'를 경험하게 됩니다. 그래서 국가가 적극적으로 경제 상황에 개입하는 '수정 자본주의(케인스주의)'가 확산하고 여러 복지 제도가 만들어집니다.

그러나 1940년대 이후 확산한 이 새로운 시장 운영 원리도 서서히 문제를 드러냅니다. 1980년대 들어 경제 성장 둔화와 시장 상황에 대한 정부의 대처 능력이 한계를 보인다는 인식이 생겨난 것이죠. 그러자 다시 정부 개입의 최소화, 민영화, 경쟁과 효율 등 초기 자본주의의 주류였던 자유방임주의 정신이 부활합니다. 이를 '신'자유주의라고 부르는 것이고요. 이 신자유주의를 주도한 주요 국가가 영국과 미국이었기 때문에 신자유주의를 당시 영국 수상(마거릿 대처)과 미국 대통령(로널드 레이건)의 이름을 따서 '대처리즘' '레이거니즘'이라고 부르기도 합니다.

1997년에 우리나라가 IMF 구제금융을 받는다는 것은 IMF가 요청하는 '신자유주의' 시장 운영 원리를 전면 수용한다는 의미였어요. 그렇게 우리나라도 신자유주의적 세계화에 편입되었던 거죠.

영화 〈국가부도의 날〉에 그 과정이 생생히 묘사되어 있습니다. IMF 총재(뱅상 카셀 분)와 정부의 고위 관료(조우진 분)는 한국이 미국식 경제 체제에 적극적으로 흡수되어야 한다는 데 동의합니다. 이들은 IMF의 요구를 받아들일 경우 사람들이 고통을 겪을 수 있지만 우리나라가 진정한 자본주의 제도와 법을 갖추는 체질 개선의 기회가 될 것이라고 봅니다. 그러나 그 과정에서 서민들의 노동 조건과 삶이 더 열악해진다는 사실을 크게 염려하지는 않습니다. 허구적 요소를 더해 재구성한 영화지만, 여기에 담긴 이야기는 IMF 사태가 보통의 삶을 사는 사람들에게 어떤 의미를 갖는

영화 〈국가부도의 날〉, 2018, 최국희 감독

지 알려 줍니다.

1988년부터 1997년까지 유지했던 연평균 7.3%라는 높은 경제 성장률이 1998년에 −5.8%로 바뀌는 전례 없는 경제 위기 속에서 발언권이 약해진 노동자와 노동조합은 '정리 해고 제도의 도입'이나 '근로자 파견 제도의 규제 완화'라는 노동 시장 유연화 정책을 강요받습니다. 결국 기업들은 정리 해고를 실행했고 해고된 정규직 노동자는 비정규직 노동자로 바뀌는 구조 조정이 단행되었습니다. 그 결과 대량 실업과 함께 비정규직 노동자가 급증하는 등의 사회 문제가 발생했죠. 1998년 서울역과 용산역 등에는 노숙자가 수천 명에 이르기도 했고요. 지금은 익숙한 '정리 해고', '명퇴(명예 퇴직)'라는 말이 사람들 사이에서 본격적으로 쓰이기 시작한 것도 이 무렵입니다. 이후 IMF에 빌린 돈을 상환하면서 경제 위기를 극복했다고 하지만, 실질 임금이 내려가고 이중 노동 시장 구조가 굳어지는 등 그 여파가 현재까지 이어지고 있어요. 그런 의미에서 우리가 IMF 사태를 완전히 극복했다고 보기는 어렵습니다.

비정규직 양산이 큰 사회 문제가 되자 '비정규직의 정규직화'를 위한 움직임이 일어났어요. 2007년에 만들어진 '기간제법'이 대표적입니다. 기간제 노동자를 2년 이상 고용하면 정규직으로 전환해야 한다는 취지의 법으로, 정식 명칭은 '기간제 및 단시간 근로자 보호 등에 관한 법률'입니다. 하지만 이 법은 오히려 노동 기간을 2년 이하로 제한하도록 만들어 근로자들의 고용이 더욱 불안해지는 부작용이 일었고, 심지어 퇴직금을 주지 않기 위해 1~6개월짜리 '쪼개기 계약'을 하는 등 편법을 조장한다는 비판도 있었습니다.[11] 그래서 최근에는 정부가 나서서 공공 부문에서 먼저 정규직화 정책을 펼쳤어요. 이 정책은 정부의 투자·출자 또는 정부의 재정 지원 등으로 설립·운영되는 기관, 즉 '공공 기관'의 비정규직 노동자를 정규직으로 전환하는 것입니다.

'인국공' 사태라고 들어 봤나요? 2020년 6월, 인천국제공항공

사는 비정규직 중 일부인 2,143명(공항소방대 211명, 야생동물 통제 인력 30명, 보안검색 요원 1,902명)을 '청원 경찰' 직책의 정규직으로 직접 고용('직고') 하겠다고 밝혔는데요. 20년 넘게 외주 용역 형태의 비정규직으로 고용해 왔던 중요한 보안 업무가 정상적 채용 형태로 전환되는 것이었습니다. 정규직으로 전환되는 비정규직은 경비·시설 관리·청소 등 특수한 직종이어서 기존 정규직 업무를 침범하지 않고, 승진상 경쟁 상대가 아니며, 별도의 임금 체계가 적용되기 때문에 비정규직의 정규직화는 정규직 신규 채용과는 직접적 연관이 없습니다. 오히려 불완전 고용의 흐름을 끊음으로써 앞으로 취업 준비생들에게 더 좋은 일자리를 늘려 주는 기회로 작용할 텐데요. 그럼에도 취업 준비생 청년들과 정규직 노동자들이 동요했습니다.

"정규직이 되려고 부단히 노력했던 우리와 달리 비교적 손쉽게 정규직이 되는 건 사실 아닌가. 공정하지 않다고 본다."

- 인천국제공항공사 정규직 노동자

"직군이 다르니까 일자리를 빼앗는 게 아니라지만, 애초에 해당 업무가 정규직이었다면 내 취업 목표에서 배제하지도 않았다."

- 인천국제공항공사 취업 준비생[12]

계속되는 취업 경쟁 속에서 취업 준비생들이 유일하게 기댈 수 있는 가치는 '절차적 공정성'입니다. 대기업 정규직 채용 경쟁률이 수백 대 일에 이르고, 좋은 일자리는 사기업과 공기업 할 것 없이 인·적성 검사와 필기 시험 그리고 1차·2차 면접을 거쳐 인턴 기간을 수료하면 최종적으로 정사원으로 채용되는 상황입니다. 공무원 시험도 마찬가지죠. 객관식 또는 서·논술형 시험과 면접, 집단 토론, 실무 능력을 촘촘히 평가받아야 최종 합격에 이릅니다. 그러니 기존에 열악한 노동 조건으로 일하는 사람들이 정규직으로 전환되면, 그들의 노동 조건 향상을 반기는 게 아니라, '자신의 정규직 일자리를 빼앗는다.' 혹은 '쉽게 정규직이 된다.'라고 생각하게 되는 것이죠. 그리고 이러한 정책에 대해 "공정하지 않다."라며 반감을 드러내는 것이고요.

좋은 일자리 이전에, 고용이 안정된 일자리조차 구하기가 이렇듯 어려운 실정입니다. '절차적 공정성'을 갖추는 동시에, 한정된 일자리를 두고 서로 빼앗고 빼앗기는 갈등을 겪지 않을 방법은 없을까요? 고용 안정성과 더불어 어떤 노동을 하든 인간다운 삶을 누릴 수 있는 실질 임금이 보장되는 사회를 꿈꿀 수는 없는 걸까요? 공공 부문만이 아니라 민간 기업도 함께 노동 조건 향상을 위한 변화를 이루어 나가는 것이 비정규직 문제를 해결할 가장 바람직한 방법일 것입니다.

일자리가 부족하다는데, 이주 노동자는 왜 느는 거죠?

2020년 12월, 경기도 ○○시의 한 농장 비닐하우스에서 이주 노동자가 숨진 채 발견되었습니다. 섭씨 영하 10도의 겨울철에 난방도 잘 안 되는 비닐하우스에서 생활하다가 동사(凍死)하게 된 비극인데요. 실제로 외국인 고용 허가를 받은 사업장 1만 5,773곳 중 고용노동부가 정한 외국인 숙소 최저 기준(냉난방 시설, 소방 시설 마련 등)에 못 미치는 곳이 5,003곳(31.7%)에 이른다고 하네요.[13]

현재 우리나라는 이주 노동자의 권리를 보장해 줄 법과 제도가 미흡한 상태예요. 이주 노동자의 주거 문제뿐 아니라, 전반적인 노동 조건 자체가 열악합니다. 근로 기준법상 농·축산업은 근로 시간 및 휴일 관련 규정이 적용되지 않는다고 하네요. 그래서 이 분야에서 일하는 이주 노동자는 하루 13시간이 넘는 장시간 노동

'이주 노동자 기숙사 산업 재해 사망 사건 대책 위원회'가 청와대 앞에서 재발 방지 대책 마련을 요구하고 있다.

을 하면서도 이를 초과 노동으로 인정받지 못하고 있습니다. 또한 고용주에게 외국인 노동자를 고용할 수 있도록 허가해 주는 '고용 허가제'라는 제도가 있는데요. 이 제도에 따르면 이주 노동자가 이직을 하려면 고용주의 허가가 필요해 실제로는 이주 노동자들이 끔찍한 노동 조건에서도 계속 일할 수밖에 없도록 만든다고 해요. 제도가 이렇게 악용되다 보니 '현대판 노예제'라고도 불립니다.

앞서 살펴보았듯 현재 우리 사회는 많은 사람이 극심한 취업 경쟁과 높은 실업률로 힘겨워하고 있는데요. 동시에 한국에서 일을 하기 위해 이주 노동자들이 유입되고 있는 상황이기도 합니다. '그렇다면 이주 노동자가 굳이 한국에 오지 않고, 취업난을 겪는 한국인들이 이주 노동자들이 종사하는 분야에서 일을 하면 되지 않을까?' 하는 생각이 들 수 있어요. 하지만 이건 그리 단순한 문제가 아닙니다. 대부분의 이주 노동자는 한국 사람들이 꺼리는 분야에서 일하고 있기 때문이죠. 이주 노동자 상당수는 건설 현장 노동, 식당 종업원, 농업과 임업, 수산업 등 3D(어려운Difficult, 더러운Dirty, 위험한Dangerous) 직종에 종사하고 있는 것이죠. 물론 이 일들은 우리 사회를 유지하려면 없어서는 안 될 중요한 노동입니다. 그러니 이주 노동자들의 노동이 우리나라 경제의 밑바탕을 지탱한다고 봐도 될 정도예요.

사실 우리나라야말로 다른 나라로 이주 노동을 가장 많이 나갔었죠. 최빈국 국민으로서 수백만 명의 한국인들이 20세기 내내 해외로 떠났습니다. 산업화 시기에 우리나라 사람들은 독일의 탄광과 병원으로, 중동 사막의 건설 현장으로 가서 고된 노동을 했어요. 그들이 벌어들인 외화를 밑거름으로 한국은 경제 성장에 성공했죠. 그리고 지금은 해외의 개발 도상국 국민이 일자리를 찾아 우리나라로 오는 것이고요.

시선을 한반도 밖으로 돌려 봐도 그렇습니다. 우리의 물질적 풍요는 개발 도상국 노동자들의 노동에 기대고 있지요. 말레이시아산 감자칩, 베트남에서 제조된 브랜드 신발, 온두라스산 카카오로 만든 초콜릿. 원료의 채취, 상품의 가공과 유통 그리고 판매가 전 세계에 걸쳐 이뤄진 후 우리 앞에 최종 상품의 형태로 놓입니다. 우리가 쓰는 대부분의 생필품은 우리나라에서도 충분히 생산할 수 있는 물품이지만 우리는 거의 개발 도상국에서 생산된 수입품을 씁니다.

이유가 뭘까요? 선진국은 주로 기술 집약적 고부가 가치 산업에, 개발 도상국은 주로 농업과 공업에 집중합니다. 노동 집약적 산업은 낮은 임금과 열악한 노동 환경에서 일하는 개발 도상국의 노동자들이 담당하고, 이들이 만든 식량과 공업 생산품이 전 세계로 유통되는 것이죠. 이처럼 '세계화'는 전 세계적 차원의 '경제적 분업화'를 의미하기도 합니다.

따라서 우리는 문제의식을 갖고 이주 노동과 세계화를 바라볼 필요가 있습니다. 우리가 편하게 이용하는 물건들이 열악한 환경에 처한 노동자들에 의해 생산되고 있으니까요. 그렇다면 우리가 꺼리는 분야에서 노동하는 사람에 대한 존중도 있어야 하지 않을까요.

우리 주변에서 행해지는 노동이든 해외에서 이뤄지는 노동이든, 또는 노동을 하는 사람이 한국인이든 외국인이든 모든 노동은 우리 삶의 풍요를 만들어내는 귀한 행위입니다. 가장 낮고 어두운 곳에서 이뤄져 잘 보이지 않지만, 우리 사회에 꼭 필요한 노동을 하는 사람들에 대한 존중은 어디서부터 시작될 수 있을까요?

배움이 즐거운 일이 될 수는 없을까요?

학교 일과를 마치면 여러분은 무엇을 하며 시간을 보내나요? 친구와 수다를 떨거나, 집에 가서 TV를 보기도 하겠죠? 그렇지만 대다수는 부족한 학습량을 채우기 위해 학원으로 향할 거예요. 2020년 통계청에서 발표한 자료에 따르면, 우리나라 청소년의 사교육 참여율은 74.8%이며, 주당 6.5시간을 사교육에 쓴다고 합니다.[14]

여러분은 하루에 공부를 위해 책상에 앉아 있는 시간이 얼마나 되나요? 대학 입시의 좁은 관문을 통과하기 위해 청소년들은 과도한 학습에 시달립니다. 왜 이렇게 학습을 많이 해야 할까요? 흔히들 의사, 판사 등 '사' 자 붙은 직업이 좋다고 하잖아요. 더 높은 학력, 더 높은 스펙을 추구하는 직업은 주로 전문직이나 사무직입니다.

더 오랜 기간 교육이 필요하고 전문 지식과 숙련도를 요하는 일에 더 많은 보상이 주어지는 건 당연합니다. 그런데 우리 사회는 유독 육체노동보다 정신노동에 더 많은 권위를 부여하고 사회적 보상을 하는 것 같아요. 이런 풍조가 사람들 마음속에 육체노동을 하는 사람에 대한 멸시를 갖게 하는 건 아닌가 하는 생각이 들기도 합니다. 청소 노동자를 가리키며 "너 공부 안 하면 저렇게 된다."라고 아이들에게 말하거나, 건설 현장 노동자를 "노가다꾼"이라 낮춰 부르는 등 우리가 일상에서 무심코 하는 말에 육체노동자에 대한 차별이 담겨 있지 않은지 반성하게 됩니다.

만약 어느 직업을 가져도 생계를 유지하고 생활을 꾸리기에 충분한 임금과 안전한 노동 환경이 주어진다면 어떨까요? 육체노동이 정신노동만큼 존중받는다면 어떤 세상이 될까요? 그렇다면 농작물을 기르거나 전기 설비를 설치하는 일을 더 좋아하고 또 잘할 수 있는 사람은 그걸 선택하지 않을까요? 여러분은 어떤가요? 좋아하는 과목이 '입시'에 도움이 되지 않는 과목이어서 마음껏 공부하지 못한 적은 없나요?

정신노동을 더 높이 평가하는 풍조는 학교 현장에도 반영되어, 입시에서 비중이 높은 몇몇 과목의 점수를 잘 받는 것이 학습의 목표가 됩니다. 하지만 육체노동이 정신노동 못지않게 존중받는 사회가 된다면 도움이 필요한 친구를 잘 돌보거나 사람들 사이에서 의견을 잘 중재하는 것 등도 귀한 재능으로 평가받을 수 있지 않을까요? 그런 사회라면 각자 재능과 관심사에 맞게 자기 계발을 하고 직업을 탐색할 수 있을 겁니다. 그러면 공부(工夫)도 한자어의 의미 그대로 '하나하나의 소중한 작물을 키워 나가듯' 자기 자신과 세상에 대해 탐구해 가는 소중한 시간이 되지 않을까요?

STAGE 7

나의 희망 직업이 사라질 수도 있다고요?

4차 산업 혁명과
일자리 변화, 기본소득

기술 발전은 우리 삶을 더 풍요롭게 할까요?

일본과 미국의 어느 호텔 이야기입니다. 호텔에 들어서면 로봇이 손님을 맞이하고 안내합니다. 손님이 맡긴 짐을 요청할 때 척척 내줍니다. 손님이 필요로 하는 물건을 로봇이 객실 앞까지 배달합니다. 투숙객들은 로봇을 보며 신기해하지만 재미와 즐거움 뒤에 숨은 무서운 사실이 하나 있습니다. 로봇이 하고 있는 그 일은 원래 사람이 하던 일이지 않나요? 그 일을 하던 사람들은 다 어디로 갔을까요?

이제 우리는 방송이나 책, 인터넷 어디에서나 로봇, 인공 지능(AI), 완전 자율 주행차, 사물인터넷(IoT)과 같은 단어를 아주 자연스럽게 접합니다. 이미 그것이 실현된 환경에서 살아가고 있기도 하고요.

인류 역사를 살펴보면 인간의 삶은 수많은 기술 발전으로 끊임없이 진보해 왔습니다. 증기 기관의 발명, 공장제 공업으로 대변되는 1차 산업 혁명, 쉼 없이 돌아가는 컨베이어 벨트를 통한 대량 생산 체계의 2차 산업 혁명, 컴퓨터와 인터넷 기술의 발전으로 구축된 자동화 시스템 시대의 3차 산업 혁명을 거쳐, 로봇과 인공지능 등 첨단 기술의 발전으로 가상과 현실 그리고 사물과 사람이 결합되는 4차 산업 혁명의 흐름 속에 우리는 놓여 있습니다.

돌이켜보면 핵무기, 대량 살상 무기와 같이 인류의 평화를 저해하는 기술 발전을 제외하고는 인류에게 긍정적 영향을 미친 기술이 대부분입니다. 농업 기술의 발전은 더 풍요로운 먹거리를 제공했고, 교통·통신의 발전은 시공간의 제약을 넘어 보다 더 편리한 생활을 가능하게 했고, 의료 기술의 발전은 인간의 수명을 늘려 주었죠. 그러나 4차 산업 혁명과 관련해서는 우려의 목소리가 적잖이 들려옵니다. 옥스퍼드 대학의 칼 프레이 교수는 20년 이내에 현재 직업의 절반 정도가 사라질 것이라는 비관적 전망을 내놓기도 했답니다.[1]

로봇 및 인공 지능 기술의 발전은 인간의 노동을 어떻게 위협할까요? 흔히 로봇이 사람의 일자리를 대체하게 될 거라고 이야기하는데요. 이미 우리나라는 산업용 로봇의 수가 세계 1위로, 오래전부터 제조업 분야에서 대량의 로봇을 투입해 생산 공정을 자동화해 왔습니다. 자동차 공장만 보더라도 사람과 로봇이(더 정확하게는 로봇 팔이) 함께 자동차를 만들고 있어요. 문제는 로봇이 단순히 사람이 '입력한 대로 움직이는 기계'가 아닌 '생각하는 기계'로 진화하고 있다는 것입니다.

몇 년 전 인공 지능 알파고가 바둑 기사 이세돌 9단과의 대결에서 다섯 번 중 네 번을 이겨 세상 사람들을 깜짝 놀라게 했지요. 이제 인공 지능은 엄청난 양의 데이터를 통해 학습하고, 축적된 학습 내용을 바탕으로 특정 상황에서 마치 인간처럼 스스로 판단할 수 있게 됩니다. 이것을 딥 러닝(Deep Learning)이라고 하는데요, 바로 이러한 인공 지능의 학습 능력이 어느 순간 인간을 능가할 수 있는 시점이 올 것이라고, 버너 빈지라는 미래학자가 주장하기도 했습니다.

현재 딥 러닝을 바탕으로 한 인공 지능 기술을 활용하고 있는 분야 중 하나가 완전 자율 주행차(무인 자동차) 개발이죠. 정말 사람이 직접 운전하지 않아도 자동차가 스스로 운행하는 시대가 도래할까요? 그렇게 된다면 다른 사람의 운전 도움은 필요치 않게 되고 운전기사라는 직업도 사라지겠죠. 목적지까지 사람을 알아서 데려다줄 뿐 아니라 물건만 실은 무인 트럭들이 고속도로를 누비게 될 수도 있습니다. 그렇다면 운송업에 종사하는 분들의 타격이 클 수밖에요.

인공 지능이 일상화되면 서비스업에 종사하는 사람들의 일자리도 안전하지는 않습니다. 2017년에 처음 선보인 무인 슈퍼마켓 '아마존 고'는 고객이 앱을 깔고 QR 코드로 인증한 후 매장에 입장해 자신이 필요한 물건을 그대로 가지고 나오기만 하면 되는 아주 간편한 쇼핑 환경을 고객들에게 제공합니다. 천장에 부착된 수많은 인공 지능 카메라와 센서 들이 고객이 어떤 물건을 구매하는지 인식하고 이미 사전에 등록된 신용카드로 자동 결제하는 시스템이죠. 그러니 쇼핑을 마치고 계산대에 줄 지어 서 있을 필요도 없지만, 계산대에 있던 계산원도 더는 존재하지 않게 되는 거죠. 이제 한국에서도 이와 같은 무인 서비스가 막 시작되려 합니다.

이뿐만이 아니에요. 음식을 만드는 일도 이제는 사람만 할 수 있는 게 아니에요. 일본에서는 초밥을 만드는 로봇이, 미국에서는 햄버거를 만드는 로봇이 등장했어요. 심지어 우리나라에서는 국민 간식인 치킨을 로봇이 만드는 가게가 생겨났다고 해요.

서비스 분야에서도 로봇이 사람의 일을 자꾸 가져가 버리네요. 그럼 전문 직종은 사정이 좀 나을까요? 병원에는 이미 수술 로봇이 도입되어 여러 의료 현장에서 맹활약 중입니다. 엑스레이 영상도 인공 지능이 의사들보다 더 짧은 시간에 더 정확하게 판독한다고 합니다. 인공 지능의 우수한 점은 사람보다 훨씬 빠르게 엄청나게 많은 정보를 습득하고 데이터를 분석하여 짧은 시간 안

시애틀의 '아마존 고' 매장에서 고객들이 쇼핑을 하고 있는 모습

에 그 결과를 보여 준다는 것입니다. 그렇기 때문에 수많은 통계와 기존 데이터를 바탕으로 하는 일들, 예를 들어 변호사, 은행원, 회계사 등의 직업도 위협을 받게 되는 것이죠. 경기의 승패를 예측하는 스포츠 분야 기사는 이미 로봇이 쓰고 있답니다. 로봇이 사용되지 않는 분야가 없네요.

그러나 창의적이고 예술적인 분야는 설마 로봇이 사람을 대신할 수 없겠죠? 과연 그럴까요? 우리나라에 '이봄'이라는 AI 작곡가는 3분짜리 곡 하나를 15초 만에 뚝딱 만들었어요. 이 AI 작곡가의 곡을 받아 신인 가수가 데뷔하기도 했고요. 그래도 가수는 단순히 노래를 부를 뿐 아니라 사람들에게 감정을 전달하니, 이건 AI가 따라오지 못하겠지요? 한 TV 프로그램에서 모 가수와 AI의 노래 대결이 벌어졌는데요, 방청객으로 나온 사람들은 AI의 목소리를 실제 가수의 목소리라고 생각할 만큼 둘을 구분하지 못했어요. 소설 쓰는 AI, 그림 그리는 AI……. 이제 창의적인 분야도 인간의 전유물은 아닌 거네요.

그런데 인공 지능과 로봇이 인간의 일자리를 대신하게 되는 이 모든 상황이 부정적이기만 할까요? 긍정적 측면은 없을까요? 이미 많은 선진국이 고령 사회를 넘어 초고령 사회를 향해 가고 있는데요, 초고령 사회의 문제점은 경제 활동 인구가 줄어들어 일할 사람이 없다는 것입니다. 그러니 일하는 로봇의 출현을 반기는 곳도 있겠지요.

세계 최초로 초고령 사회에 진입한 일본은 노인을 돌볼 간병인이 많이 필요한데 이 의료 현장에서 간병 로봇들이 많은 역할을 한다고 해요. 환자를 들어 병상으로 옮기는 로봇, 환자의 대소변을 처리해 주는 로봇도 있답니다. 약을 제때 먹도록 도와주고 노인들의 말벗이 되어 주는 등 사람의 빈자리를 로봇이 채워 주고 있습니다.[2]

또한 사람들이 일을 하다 다치는 경우가 많은 위험한 분야, 예를 들어 화재나 대형 사고 수습 현장에 로봇이 투입되면 어떨까

농장에서 로봇이 작물을 수확하고 있는 모습. 이러한 농업용 로봇을 팜봇(farmbot)이라고 한다. 파밍(farming)과 로봇(robot)의 합성어이다.

요? 활활 타오르는 불길 속으로 사람을 구조하러 들어갔다가 순직하는 소방관들의 소식을 종종 듣게 되는데, 구조 로봇이 있다면 더 안전하게 많은 사람을 구할 수 있지 않을까요? 실제로 한국생산기술연구원에서는 소방관의 안전을 보호하면서, 어렵고 복잡한 구조 과정을 신속하게 해낼 수 있는 로봇 팔을 개발하기도 했답니다.

한편 농촌의 일손 부족 문제는 어제오늘의 일이 아닙니다. 농사일은 육체적으로 고되며 노동 대비 수익이 크지 않아 젊은 사람들은 농촌에서 일하는 것을 선호하지 않습니다. 그러나 첨단 기술의 도입으로 농사를 짓거나 가축을 키우는 일도 인공 지능과 로봇이 대신할 수 있게 되었습니다. 드론이 농약을 살포하고, 로봇이 축사의 소들에게 사료를 배달하고, 사물인터넷과 인공 지능과 빅데이터 등을 통해 흙이 아닌 물 위에서 채소 재배가 가능하도록 환경을 조성하기도 합니다. 이와 같은 스마트 팜은 고령화된 농촌 사회의 일손 부족 문제를 해결하고 젊은 사람들에게 농업 분야에 도전할 기회를 제공할 수 있습니다.

지금까지 기술 발전으로 인한 미래 일자리 변화에 대해 살펴봤는데 여러분의 생각은 어떤가요? 기술 발전이 우리의 삶을 위험에 빠뜨릴까요, 아니면 더 나은 삶을 가능하게 할까요?

일자리 소멸,
우리는 무엇을
준비해야 할까요?

인공 지능 기술의 발달이 가져오게 될 미래 일자리의 지형을 긍정적으로 보든 부정적으로 보든 사람들이 모두 동의하는 사실이 있습니다. 바로 새롭게 만들어지는 일자리는 사라지는 일자리보다 그 수가 적을 것이며 이런 변화에 가장 타격을 입게 될 계층은 바로 저숙련 노동자라는 것이죠.

역사를 살펴보면 사람들은 산업 구조의 변화에 따라 기존의 일자리를 잃거나 새로운 일자리를 찾아 적응하고 일했습니다. 유럽에서 일어난 인클로저 운동을 볼까요? 당시 모직물 산업이 발전하자 땅을 가진 영주들이 농경지에 울타리를 치고 목축지로 만들어 양을 키우기 시작합니다. 그동안 땅을 빌려 농사짓던 소작농들은 하루아침에 일터를 잃었죠. 이후 그들이 일자리를 찾아 도시로 가 공장의 노동자가 되었고 산업 혁명을 일으킨 주축이 되기도 했습니다. 그러다 공장에 기계가 도입되면서 일자리를 또다시 잃게 되자 영국의 숙련공들은 이것이 다 기계 때문이라며 기계를 파괴하는 러다이트 운동을 벌이기도 했어요. 이렇듯 기술의 발전으로 실업이 발생하는 것을 '기술적 실업'이라고 합니다.

20세기 초 미국에 자동차가 보급되면서 마부라는 직업이 사라지고 마차 제조와 관련된 업종도 사라졌어요. 하지만 운전기사라는 새로운 직업이 등장했죠. 1970~1980년대 우리나라에는 버스 안내양이 있었습니다. 승객들에게 요금을 받고, 다음 정류장을 안내하고, 하차 시 수동으로 문을 열어 주던 안내양의 일은 차내 안내 방송으로, 교통카드 납부로, 자동문으로 대체되었지요. 더 이상 그들의 일손을 필요로 하지 않게 되면서 안내양이라는 직업도 사라졌습니다. 하지만 기술의 발전은 새로운 일자리 또한 창출했고, 일자리를 잃은 사람들은 재교육과 훈련으로 다른 일을 찾아 밥벌이를 해 왔어요.

그러나 앞으로는 어떨까요? 인공 지능의 대체로 일자리를 잃게 된 노동자들도 새롭게 만들어진 일자리에서 자신의 직업을 찾을 수 있을까요? 새롭게 창출되는 일자리가 적은 것도 문제이지만, 인공 지능이 대체할 수 없는 전문적인 일자리만 남게 된다면 일자리를 잃은 대다수 사람들은 어떻게 해야 할까요? 그리고 실업자 수가 엄청나다면 과연 사회는 어떻게 될까요?

역사에서 그 답을 찾아보도록 합시다. 1929년 뉴욕 증권 거래소의 주가 폭락으로 시작된 대공황은 전 세계로 확산했습니다. 공장에서 만든 물건은 넘쳐났지만 물건을 구매할 수 있는 사람들은 줄었고, 그러다 보니 공장에서 만든 물건들이 팔리지 않아 재고로 쌓였습니다. 물건을 팔 수 없게 되자 자본가들은 기계를 멈추었죠. 노동자들이 해고되고 실업자가 계속 발생했습니다. 사람들이 소득이 없으니 소비 역시 줄어들고 시장은 침체되었으며 경기 악순환은 반복되었죠. 이 문제를 해결하기 위한 타개책으로 미국에서는 뉴딜 정책을 추진합니다. 테네시강 유역의 대규모 개발 사업 등 일자리를 창출할 수 있는 공공사업을 통해 사람들이 다시 일할 수 있도록 했습니다. 이뿐 아니라 최저 임금제나 사회보장 제도와 같이 사람들에게 적절한 소득을 보장할 수 있는 정책을 펼쳤습니다. 그 덕분에 미국은 대공황의 위기에서 어느 정도 벗어날 수 있었지요.

어느 사회이든 실업자가 발생하면 재화나 서비스를 구매하는 소비자 역할을 할 사람이 줄어들어 당연히 기업의 상황도 함께 나빠집니다. 경제 부흥을 위해 국가는 두 팔 걷어붙이고 무언가를 하지 않으면 안 되는 상황에 놓이죠. 앞서 이야기했듯이 기술 발전으로 과거에 비해 일자리가 줄어들 것으로 예상된다면, 국가는 일자리를 잃거나 혹은 일할 시간이 줄어 적어진 국민들의 소득을 늘려 줄 방법을 고민해야 하지 않을까요?

경제학자 가이 스탠딩은 미래로 갈수록 정규직이나 정년이 보장되는 일자리들이 계약직이나 프리랜서의 일로 대체되면서 노동자들이 불안정한 고용 상태에 놓일 거라고 이야기합니다. 그렇다면 사회 전체적으로 소득 분배의 양극화는 더 심화할 것이 불을 보듯 뻔할 테고요. 이 문제를 어떻게 해결할 수 있을까요? 세계 몇몇 나라에서 기본소득이라는 새로운 제도를 도입하려는 실험을 하고 있습니다. 기본소득이란 일을 하든 하지 않든, 모든 사람에게 국가가 정기적으로 돈을 지급하는 것을 말합니다. 언뜻 상상 속에서나 있을 법한 허무맹랑한 이야기로 들리기도 하죠.

완전한 기본소득은 아니었지만 우리나라 정부나 지방 자치 단체에서도 코로나19 위기 대응책으로 전 국민(가구당)에게 재난 지원금을 지급했습니다. 그것이 경제 활성화에 긍정적 영향을 끼쳤다는 분석도 있었고요. 하지만 이것은 특수한 상황에서 시도되었을 뿐 전 국민을 대상으로 하는 기본소득의 현실화는 결코 쉽지 않은 일입니다. 국가가 감당해야 할 재정 부담이 엄청나게 늘어날 것이며, 일을 하지 않아도 소득이 생긴다면 누가 열심히 일을 하려고 할 것인가 하는 우려도 생길 테니까요. 또한 모두에게 지급하는 보편 지급이 아니라 도움이 필요한 사람들에게만 나눠 주는 선별 지급이 더 낫다고 생각하는 사람들도 있을 거고요.

하지만 기본소득이 가져다줄 수 있는 긍정적 측면도 있지 않을까요? 유럽 최초로 기본소득제 실험을 시작한 핀란드에서는 2017년부터 2년간 25~58세의 실업자 2,000명에게 매달 560유로(약 72만 원)를 지급했었어요.[3] 실업자들의 노동 의욕을 알아보기 위한 목적으로 진행되었는데 비록 고용 효과는 적었지만 기본소득을 받은 사람들은 이전보다 스트레스가 줄어들었고 인지 기능이 좋아졌으며, 타인과 사회에 대한 높은 신뢰 그리고 자신의 미래에 대한 자신감 등 주관적 만족감이 컸다고 합니다.

캐나다 온타리오주 정부도 18~64세 저소득층 성인들 가운데 무작위로 추첨해 1년에 1인당 1만 6,989캐나다달러(약 1,410만 원)를 지급했다가 재정 문제로 중단했다고 해요. 하지만 실험 참가자들의 경험을 조사하여 펴낸 보고서에 따르면 참여자 32%가 학교에 돌아가 기술 훈련을 받고, 74%가 건강에 좋은 음식을 선택했으며, 52%가 가족이나 친구를 더 많이 만날 수 있었다고 답하는 등 사람들의 행복도가 높아졌습니다.[4]

기본소득은 '꼭 돈을 받는 노동만이 가치 있는 것인가?'라는 질문을 우리에게 던지며 유급 노동에 대한 인식을 새롭게 바꿔 놓습니다. 2장에서 무급 노동에 대해 살펴봤었죠? 기본소득은 가사나 육아처럼 사회에 꼭 필요한 돌봄 노동이지만 그 대가를 받

2016년 스위스 기본소득 법안 국민투표를 앞두고 활동가들이 광장에 설치한 대형 포스터. "소득 걱정이 없다면 무엇을 하시겠습니까?"라고 적혀 있다.

지 못했던 무급 노동에 대해 사회적으로 가치를 인정해 줄 방법이 될 수도 있고, 5장에서 살펴본 것처럼 일을 하고 싶어도 마땅한 일자리가 없는 장애인들에게 사회 구성원으로서 당연히 누려야 할, 인간답게 살 권리를 실현할 대안이 되기도 합니다.

사람들에게 매달 50만 원 정도의 기본소득이 주어진다면 어떤 변화가 생길까요? 직접 민주주의가 꽃핀 고대 아테네에서는 시민들이 추첨을 통해 국가의 일을 담당했습니다. 그리고 공무를 담당한 대가로 공무 수당을 지급했는데, 평범한 시민들도 정치에 적극적으로 참여할 기회를 제공한 것이죠. 흔히들 먹고사는 일에 치여 정치에 신경 쓸 시간이 없다고 하는데요. 기본소득이 사람들에게 시간적 여유를 벌어다 준다면, 타인과 사회에 대해 더 관심을 가지고 정치에도 능동적으로 참여할 수 있지 않을까요? 취미 생활을 즐길 여유가 생겨 다양한 경험을 하게 된다면 우리의 삶이 더 풍요로워지지 않을까요? 또 생계유지를 위해 어쩔 수 없이 해야 했던 일들에서 조금은 자유로워지지 않을까요? 열악한 근로 환경을 견뎌야 하는 노동을 사람들이 선택하지 않을 수 있게 된다면, 고용주들이 근로 조건과 근로 환경을 개선하기 위해 더 노력하지 않을까요?

"혼자 꾸면 그저 꿈일 뿐이지만 모두가 함께 꾸면 현실이 된다."라는 말처럼 기술 발전이 바꿔 놓을 우리의 미래가 어떤 모습이든, 사회 구성원 모두가 인간다운 삶을 누리며 살아갈 수 있는 사회이기를 여러분도 함께 꿈꿔 보면 어떨까요?

로봇세를 거두자고요?

노동자들은 자신의 소득에 따라 국가에 세금을 납부합니다. 대한민국 정부가 국민들로부터 걷는 소득세는 매년 약 90조 원에 달하고, 이 세금은 1년 동안 보건, 복지, 노동, 교육, 국방 등 다양한 분야에서 국민들을 위해 쓰입니다. 그런데 시간이 지날수록 자동화가 더욱더 빨라져 산업 현장의 노동력 대부분이 로봇으로 채워진다면, 로봇을 소유한 자본가들은 더 많은 이익을 얻게 되지만 로봇으로 인해 일자리를 잃은 사람들은 소득이 줄어들겠죠. 이렇게 되면 국가가 국민으로부터 걷는 소득세 역시 줄어들 수밖에 없습니다.

이와 관련해 2017년에 빌 게이츠는 로봇에게도 세금을 부과하자는 주장을 했고요. '기본소득의 재원을 어떻게 마련할 것인가?' 하는 논의를 할 때 로봇세에서 그 답을 찾는 사람들도 있습니다. 로봇세란 그야말로 로봇의 노동력을 통해 생산되는 경제적 가치에 대해 세금을 매기는 것입니다. 과연 로봇이 시장 경제의 주체가 될 수 있을까요? 로봇은 인격이 없는 존재이므로 권리를 가지지 않지만, 동시에 납세의 의무 또한 가지지 않습니다. 그러니 로봇세를 거두려면 로봇에 대한 규정 또한 새로이 해야 하겠죠.

로봇세 도입과 관련해서는 찬반 논쟁이 뜨겁습니다. 찬성 측에서는 로봇세를 통해 기술적 실업으로 일자리를 잃은 사람들을 재교육하는 데 필요한 재원을 마련할 수 있고, 기본소득 지급 등 소득 재분배 정책을 펼쳐 불평등을 완화할 수 있다고 봅니다. 하지만 반대 측에서는 로봇세의 도입으로 기업의 경제적 부담이 높아져 국가 경쟁력이 떨어지고 혁신 기술에 대한 투자가 위축될 것이라고 이야기합니다.

이제는 로봇이 인간의 일자리를 대체하는 상황, 점점 인구가 감소하여 로봇을 통해 노동력을 끊임없이 보충해야만 하는 상황을 조금씩 준비해야 할 때입니다. 여러분은 어떤가요? 로봇세 논의를 우리 앞에 놓인 새로운 과제로 받아들일 준비가 되었나요?

STAGE 8

노동하는 사람들이 행복한 나라

노동조합과 노동 3권,
노동 유연화, 사회 복지 제도

노동조합은 왜 만드는 걸까요?

자신이 속한 집단에서 부당한 일을 당해 마음속으로 끙끙 앓아 본 적 있나요? 그런 힘든 시간이 찾아온다면 혼자 견디기보다는 가까운 친구와 허심탄회하게 이야기를 나눠 보는 게 좋아요. 친구와 나누는 대화만으로도 마음의 위로를 받을 거예요. 어쩌면 문제를 해결하기 위해 적극적으로 나설 용기를 얻게 될 수도 있고요. 노동자도 마찬가지입니다.

일하면서 겪는 어려움을 같이 나눌 동료가 옆에 있으면 든든하죠. 서로 위로하고 함께 대응 방안을 찾아 나가기도 하고요. 같은 노동 조건에 놓인 노동자들이 모여 '노동조합'을 결성하는 이유입니다. 노동조합이 노동자의 권리를 지키는 중요한 역할을 하는 것이죠.

자본가와 노동자 사이에는 이해관계가 충돌하는 상황이 자주 일어납니다. 자본가는 노동자가 가능한 한 긴 시간 동안 최대한의 집중력을 발휘해 노동해 주기를 원하고, 반대로 노동자는 쾌적한 노동 환경에서 적절한 휴식을 취하며 일하기를, 높은 임금을 받기를 원합니다. 이 둘은 기본적으로 대립하는 입장에 있는 것이지요.

그런데 이 둘 사이에는 힘의 차이가 있어요. 누가 더 셀까요? 수가 많은 노동자가 힘이 셀까요? 아닙니다. 자본주의 사회는 자본(돈)이 곧 힘인 세상입니다. 자본가의 힘이 더 세죠. 청소년, 여성, 이주민 등 사회적 약자의 노동, 산업 재해, 비정규직 문제 등 우리가 앞 장에서 다룬 여러 노동 문제도 이 힘의 불균형에서 비롯하는 것입니다. 그래서 노동자가 권리를 온전히 보장받지 못하는 문제가 이어져 왔고요.

그렇지만 정당한 권리를 보장받지 못하면 노동자들도 저항합니다. 그것이 비록 계란으로 바위 치기가 되더라도 말입니다. 막강한 자본과 권력에 대항할 수 있는 이런 용기는 어디서 나올까요? 같은 처지에 있는 옆 사람의 손을 잡는 것에서 나옵니다.

노동자의 연대는 헌법에서도 보장하는 권리입니다. 헌법 제33조 1항에 "근로자는 근로 조건의 향상을 위하여 자주적인 단결권·단체 교섭권 및 단체 행동권을 가진다."라고 나와 있죠. 단결권이란 노동자가 노동조합을 만들 권리를 말하고, 단체 교섭권이란 노동자들이 회사 측과 협상하는 자리를 가질 권리를 말합니다. 나아가 노동자의 요구를 관철하기 위해 회사 운영을 멈추게 하는 권리인 단체행동권도 갖습니다. 이 세 가지를 통틀어 '노동 3권'이라고 불러요.

우리나라는 뜨거운 노동 운동의 역사를 갖고 있는데요. 그 가운데 노동 3권을 실현했던 대표적인 사건이 1996년 겨울의 '노동법 개악 저지 대투쟁'입니다. 당시 정부는 근로자 파견법과 같은 고용의 외주화, 비정규직을 합법화하는 법안, 월차 및 생리 휴가를 폐지하고, 휴일 및 야간 근로 수당을 25%로 인하하는 근로기준법 개정안을 내놓았습니다. 심지어는 노조 전임자 임금 지급 금지, 무노동-무임금, 정치 파업 금지 등 노동 3권을 행사하지 못하도록 막는 법안도 통과시키려 했어요. 이에 노동계는 한 달여 동안 총 413개 노동조합과 37만여 명의 노동자가 총파업에 돌입했고, 결국 이 법안들이 국회에서 통과되지 못하도록 저지했습니다.[1] 그러나 그로부터 1년이 채 지나지 않아 IMF 사태가 터져 이 법안의 골자가 그대로 통과되는 걸 지켜볼 수밖에 없었어요.

그리고 안타깝게도 현실에서는 많은 노동자가 노동조합을 결성하는 단계에서부터 벽에 부딪힙니다. 급속한 경제 성장을 이룬 국가나 지역에서는 어김없이 노동조합 탄압이 있었어요. 경제 성장 과정에서 자본가는 노동자에게 장시간 노동을 요구하면서도 낮은 임금을 지급하려 합니다. 그런데 노동자들이 노동조합

1996년 12월 30일, 노동법 개악 저지를 위한 총파업에 참가한 노동자들이 명동성당 앞을 가득 채우고 있다.

을 조직해 노동 시간을 줄이고 실질 임금을 높이라고 요구하면, 자본가가 이윤을 극대화하려는 계획에 차질이 생기겠죠? 그래서 돈과 권력을 가진 사람들이 결탁해 노동조합 결성을 방해했던 것입니다.

특히 우리나라는 노동조합에 대한 탄압이 극심했어요. '냉전(Cold War)'이라는 말을 들어 봤나요? 제2차 세계대전이 끝난 1940년대 후반부터 1990년대 초반까지, 소련을 중심으로 한 '사회주의 진영'과 미국을 중심으로 한 '자본주의 진영' 간에 있었던 대립을 말합니다. 안타깝게도 한반도가 이러한 진영 간 이념 대립의 경계선에 있었고, 이로 인해 한국전쟁이라는 동족상잔의 비극도 벌어졌죠. 사람들의 생각과 마음 깊은 곳에 상처가 생겼고요. 최근 역사적으로 재조명되고 있는 제주 4·3 사건도 이념 대립이 낳은 아픈 역사입니다. 사회주의(좌)와 자본주의(우) 간 대립이 극심했던 1947년부터 1954년까지 우파 세력과 남한의 정부군에 의해 2만 5,000~3만 명의 평범한 제주도민이 희생된 사건이지요.

이런 사건을 겪으며 일명 '레드 콤플렉스'라고 불리는 반공 사상이 남한 사회에 뿌리 깊게 자리 잡게 되었어요. 그 이후로 자본주의 진영에 속한 남한에서는 '평등' '노동' '노동조합'이 가혹하게 탄압을 받게 됩니다. 그것이 사회주의 이데올로기와 밀접한 관련이 있다는 이유였지요. 그 영향이 현재까지 이어져, 우리나

물류 센터에서 택배 분류 및 상하차 노동을 하고 있는 택배 기사들

라의 노동조합 조직률은 2017년 기준 10.7%에 불과합니다.(2019년 12.5%.) 이는 노르웨이(52%), 핀란드(65%), 스웨덴(66%) 등 북유럽 복지 국가의 절반에도 한참 못 미치며,[2] 주변 아시아 국가들(대만 32.9%, 일본 18%)보다 낮아 OECD 국가 중 최하위 수준입니다.[3]

또 한편 한국의 노동조합은 정규직 노동자로 구성되는 기업별 노동조합이 대부분입니다. 소규모 기업에서 일하거나 여러 직장을 전전해야 하는 불안정 노동자가 노동조합을 조직하거나 가입하기란 매우 어려운 것이 현실이지요.[4]

이런 장면을 떠올려 볼까요? 새카만 먼지 덩이가 풀풀 날리는 물류 창고에서 택배 기사님이 1톤 트럭 화물칸에 물건을 쉴 새

없이 실어 올립니다. 새벽 내내 300~500개의 상품을 트럭에 싣고 배송을 위해 시동을 겁니다. 택배 노동자의 노동 강도는 가히 살인적인데요. 최근 택배 기사의 과로사가 심각한 사회 문제로 떠오르고 있습니다. 택배 기사들이 노동조합을 결성해 회사 측과 협상하면 될 것이라고 생각했나요? 그런데 택배 노동자는 법률상 회사에 소속된 노동자가 아니라 '개인 사업자'로 분류되기 때문에, 노동 3권을 온전히 행사할 수 없습니다. 이 외에도 보험 설계사, 학습지 교사, 골프장 캐디 등이 '개인 사업자'로 분류됩니다. 분명 어딘가에 소속되어 일하는 것처럼 보이는데 말이죠.

그렇지만 최근에는 이렇게 개인 사업자로 분류되는 사람들이 제한적으로나마 노동자의 지위를 인정받고 있습니다. 바로 '특수 고용직 노동자'◎로서 법적 지위를 가지게 된 건데요. 근로 기준법상 노동자의 위상은 아니지만, 산업 재해를 입었을 때는 노동자로 인정해 산재보상을 받을 수 있도록 한 것입니다. 한발 더 나아가 2017년 1월 특수 고용직 노동자인 택배 기사들의 노동조합인 전국택배연대노동조합이 설립됐습니다. 열악한 노동 환경에 놓인 특수 고용직 노동자들이 처우 개선을 요구할 통로가 만들어지고 있는 것이죠.[5]

◎ **법률상 정식 명칭은 '특수 형태 근로 종사자'이다.**

이직과 재취업, 자유로운 선택이 아닌 '울며 겨자 먹기'

'10년 뒤 나는 어떤 직업을 가질까?' 상상해 본 적 있나요? 원하던 직장에 취직해 설레는 마음으로 첫 출근을 하는 날이 언젠가 올 것입니다. 여러분은 첫 직장에서 오랫동안 일하고 싶은가요? 아니면 관심 있는 직종과 직장을 두루 경험하고 싶은가요? 한 직장에서 오랫동안 경력을 이어 가려면 그 일에 대한 열정과 끈기가 있어야겠죠.

그런데 자신이 원한다고 해서 그 일을 평생 하기란 쉽지 않습니다. 실제로 해 보니 상상과는 다른 성격의 일일 수 있고, 회사의 경영 정책이나 경제 상황에 따라 안정적으로 직업 생활을 해 나가기가 어려울 수 있죠. 실제로 우리나라 회사원들의 평균 근속 연수는 6.7년(2019년 기준)이라고 하는데요.[6] 20대 초반부터 60대 초반까지 직장 생활을 한다고 했을 때, 평생 6회 이상 직장을 옮기는 꼴이네요.

통계에서 보듯이, 현대 사회를 살아가는 사람들은 이직과 실직과 재취업을 반복합니다. 물론 직업을 바꾸는 것 자체는 문제가 아닙니다. 오히려 긍정적인 면이 있죠. 재충전과 자아 탐구의 시간을 충분히 거친 다음 자신이 좋아하는 분야에 더 가까운 일을 직업으로 삼을 수도 있고, 청년 시기에 진입했던 것과는 완전히 다른 진로를 중장년의 나이에 새롭게 도전하는 것이 자아실현의 기회가 되기도 하니까요.

그렇지만 사회적 안전망이 갖춰져 있지 않은 사회에서 이직과 재취업은 생계의 막다른 골목에서 택하는 '울며 겨자 먹기'인 경우가 많습니다. 우리나라 재취업자의 73.3%는 평균 근속 연수가 3년 이하이며,[7] 중장년층(40~64세)의 62.5%가 200만 원 이하의 월급을 받는다는 통계[8]가 이를 잘 보여 줍니다. 재취업한 직장에 다니는 기간이 짧다는 건 고용의 안정성이 보장되지 않는다거나 노동 조건이 열악해 일을 빨리 그만두게 된다는 의미일 거예요. 결국 우리 사회에서 재취업은 더 좋지 않은 조건의 일자리로 옮기는 과정일 가능성이 높은 것이죠.

노동자 입장에서 고용 안정성 여부는 생계와 연관된 문제입니다. 일자리를 잃으면, 단지 여가 생활을 못 즐기거나 필요한 물건을 못 사는 데 그치지 않아요. 게다가 실직은 사회적 관계의 단절을 가져오고, 이는 다시 낮은 자존감으로 이어집니다. 기업이 시장 변화에 유연하게 대처하기 위해 경기 변동에 따라 고용량을 탄력적으로 조정하는 것을 '노동 유연화'라고 하는데요. 기업은 시장 분석을 바탕으로 '무엇을' '어떻게' '얼마나' 생산할지에 대해 신속한 판단과 실행으로 손실을 최소화하거나 이윤을 극대화할 수 있습니다. 당연히 노동력 또한 그 판단에 따라 탄력적으로 조정할 수 있어야 한다고 여기죠. 그래서 기업은 정년이 보장되는 정규직 사원의 수를 줄이고, 필요하면 그때그때 고용할 수 있는 비정규직 형태의 노동력을 늘리고자 합니다.

'노동 유연화'라는 표현은 사실 노동자의 삶이 더 어려워질 수 있음을 암시합니다. 앞서 이중 노동 시장 등 우리나라의 일자리 특징에서 보았듯 양질의 일자리가 절대적으로 부족하고 비정규직 노동자의 임금과 노동 환경 등이 열악한 현재 상황에서 노동 유연화는 더 가혹한 변화입니다. 노동 3권을 실현하기 어려운 이유가 되는 동시에, 그 자체로 우리 사회에서 노동자의 권리가 제대로 보장되지 않도록 만드는 또 하나의 요인이 되는 것이지요.

북유럽의 복지 국가에서 실업자에 대한 재취업 교육 등을 전폭적으로 지원하는 이유가 여기 있어요. 덴마크의 '유연 안정성 모델'이 대표적인데요.[9] 덴마크는 취업과 사직, 재취업의 빈도가 아주 높은 '노동 유연화'를 실시하지만 동시에 사회 안전망도 탄탄합니다. 예를 들면, 시간제 노동 등을 하는 비정규직 노동자의 실질 임금이 높아 적은 시간을 일해도 일상생활을 하는 데 무리가 없고요. 실업자는 직장에 다닐 때와 똑같은 임금을 3년간 지급받고, 재취업을 위한 다양한 교육도 이들에게 무상으로 제공됩니다. 그러니 비정규직으로 일을 하다 그만두거나 해고를 당해도 다음 일자리를 구하기까지 안정적 생활을 유지하는 게 가능합니다.

결국 사회 보장 제도와 복지 제도가 잘 갖춰져 있고 실업자의 재취업 기회가 높은 경우에만 '노동 유연화'는 기업의 요구에 부응하면서도 노동자의 인간다운 삶을 보장해 줄 수 있습니다. 이런 사회에서는 이직과 재취업이 진정한 자아실현의 과정일 수 있을 거예요.

노동 존중, 인간의 존엄성을 보장하는 첫걸음

"8살 딸 살해하고 극단적 선택 시도한 엄마… 생활고 때문". "○○ 지역 일가족 3명 사망… 경찰, 생활고 비관 40대 아빠 소행 추정". 뉴스에서 심심치 않게 들려오는 안타까운 소식들입니다. 2019년 우리나라에서 경제생활 문제로 자살한 사망자 수는 3,564명이고, 자살 사망자 4명 중 1명은 생활고(生活苦)를 비관한 것이라고 합니다.[10] 1인당 GDP가 3만 달러(약 3,400만 원)를 넘는 나라에서 왜 이런 비극이 자꾸 일어나는 걸까요? 국민 한 사람이 연간 평균 3,000만 원이 넘는 소득을 얻는다는 사실과 생활고를 비관하여 자살하는 사망자 수가 연간 수천 명에 이른다는 사실이 어떻게 공존할 수 있을까요?

우선 '평균'이라는 통계가 갖는 한계로 볼 수 있습니다. 극단적으로 예를 들어 보면, 100명이 사는 국가에 국민 10명이 각 3억 원의 소득이 있으면, 나머지 90명은 소득이 전혀 없어 생계의 위기에 놓여 있어도 1인당 GDP는 3,000만 원입니다. 물론 경제 규모가 클수록, 국민 한 명 한 명에게 양질의 삶이 보장될 가능성이 높지만, 꼭 그렇게 비례하는 것은 아니에요.

미국을 예로 들 수 있습니다. 미국은 경제 번영과 이를 바탕으로 한 군사력, 정치력, 외교력으로 전 세계에 막대한 영향력을 행사하는 국가입니다. 그러나 국내 빈부 격차는 극심한데요. 미국에서 가장 부유한 50명의 자산이 미국 인구의 절반인 하위 1억 6,500만 명의 자산(2조 80억 달러)과 거의 비슷하다고 하네요.[11] 2018년 유엔의 보고서에 따르면, 미국인 4,000만 명(12.7%)이 빈곤층이며 그중 약 1,850만 명이 극도의 빈곤 상태에 처해 있다고 합니다.[12] 국가 전체의 부가 꼭 모든 국민의 삶을 풍요롭게 하는 건 아니라는 이야기예요. 오히려 양극화를 더 심화할 수도 있지요. 그래서 국민 한 명 한 명이 인간다운 삶을 사는 사회를 만들려면 경제 규모만이 아니라 모두의 '삶의 질'을 높이는 방안을 모색해야 합니다.

여러분은 평온한 삶을 산다는 느낌을 언제 받나요? 저는 맛있는 음식, 충분한 수면, 친한 사람들과 나누는 대화가 떠오르네요. 맛있는 음식과 아늑한 집, 포근한 옷, 그리고 사회적 관계 맺음을 위해서는 최소한의 경제적 안정이 필수입니다. 국민 모두가 그렇게 안정적인 생활을 이어 갈 수 있어야 각자 사회에 보탬이 되는 활동을 할 수 있고 국가도 덩달아 건강해질 수 있겠죠? 그래서 국가는 경제적으로 어려움에 처한 국민을 제도적으로 지원하는 '사회 보장 제도'를 마련합니다. '사회 보장'은 출산, 양육, 실업, 노령, 장애, 질병, 빈곤, 사망 등의 사회적 위험으로부터 모든 국민을 보호하고자 하는 제도로 사회보험, 공공 부조, 사회 서비스 등의 유형이 있습니다. 앞서 4장에서 살펴본 산재보상도 사회 보장 제도 중 하나이고요. 사회 보장 제도는 인간으로서 최소한의 삶을 누리도록 보호하려는 목적을 갖습니다.

나아가 국민들에게 쾌적한 생활 환경과 의료 및 교육과 문화 등을 제공하기 위해 '사회 복지 제도'가 필요합니다. 복지(福祉)는 말 그대로 '행복'한 삶이니, 복지 제도는 결국 생존과 생활의 안정을 넘어 사람들이 '행복한 삶' '인간다운 삶'을 살 수 있도록 지원하는 제도입니다. 헌법 제34조에 "①모든 국민은 인간다운 생활을 할 권리를 가진다. ②국가는 사회 보장·사회 복지의 증진에 노력할 의무를 진다."라고 명시되어 있고요. 복지 국가의 국민들은 안락한 집에서 거주하면서 공원과 도서관 등 쾌적한 공공시설을 사용하며 몸과 마음의 건강을 키웁니다. 또한 아플 때 의료비 걱정 없이 의사의 진료를 받을 수 있고, 자신의 소질과 취미를 계발하는 교육과 문화 생활도 누릴 수 있죠.

"저소득 근로자의 상대적 박탈감을 키우고"

"매년 1%P씩 경제 성장률 저하"

"월요병이 심해지고 신체 리듬이 깨질 수 있다."

"평소 수면 부족이 누적되고 만성 수면 부족 증후군을 유발할 수 있다."

"시행 초 상당 기간 이혼율까지 높였다는 선진국 사례도 참고할 일"[13]

위 내용은 2004년 7월 전면적으로 시행된 '주 5일 근무제'를 우려하는 기사들인데요. 노동 시간이 줄고 여가 시간이 늘면 노동자들이 게을러질 것이고 결국 사회 전반의 발전을 저해할 거라는 주장이 있었습니다. 사회 보장과 사회 복지 제도를 반대하는 입장에서 주로 제시하는 반론은 일명 '복지병'이 생길 수 있다는 것이었죠. 이는 '요람에서 무덤까지'라는 선언으로 유명한 영국의 복지 제도가 사람들의 생산 활동 참여 의욕을 떨어뜨렸다며 이 현상을 가리키는 말로 처음 쓰였는데요. 국민의 삶의 질 향상보다는 국가의 경제 성장을 우선하는 주장을 펼 때 많이 쓰는 용어입니다. 그리고 여기에 '복지'를 국가가 국민에게 베푸는 시혜라고 보는 시선도 더해지죠. 그러나 주 5일 근무제가 실현된 지금, 우리는 이것이 기우였다는 걸 알고 있습니다.

복지는 국가의 유지와 발전을 위해 꼭 필요한 국가의 책무입니다. 국민들이 안정적 삶을 누려야 경제 성장과 국가의 번영이 가능하기 때문입니다. 특히 국민들의 노동은 그 사회(국가)를 지탱하는 기반이 되기에, 국가는 국민이 일하기 좋은, 일하는 것이 힘들고 고통스럽지 않은 사회를 만들기 위해 힘써야 하고, 이를 뒷받침할 법과 제도를 마련해야 합니다.

유엔 산하 자문 기관인 지속 가능 발전 해법 네트워크(Sustainable Development Solutions Network)는 〈세계 행복 보고서〉[14]를 매년 발표합니다. 이 보고서는 1인당 국내 총생산, 사회적 지원, 건강 기대 수명, 삶을 선택할 자유, 포용성, 부패에 대한 인식 등 6개 항목에 대한 평가를 기초로 국가 순위를 매기는데요. 2021년 세계 순위를 보면, 핀란드가 4년 연속으로 세계에서 가장 행복한 나라로 선정됐습니다. 핀란드에 이어 덴마크, 노르웨이, 스웨덴 등 북유럽 복지 국가 4개국이 모두 상위 10위에 포함되었습니다.

이러한 결과에 대해 해당 보고서는 "가장 설득력 있는 설명은 북유럽형 복지 국가 모델에 있다."라고 밝혔는데요. "상대적으로 관대한 복지 제도에 쉽게 접근할 수 있고, 노동 시장이 노동 착취를 피하도록 규제하는 나라에서 사람들이 더 행복해지는 경향이

국가별 GDP 대비 공공 사회 복지 지출 비율 비교

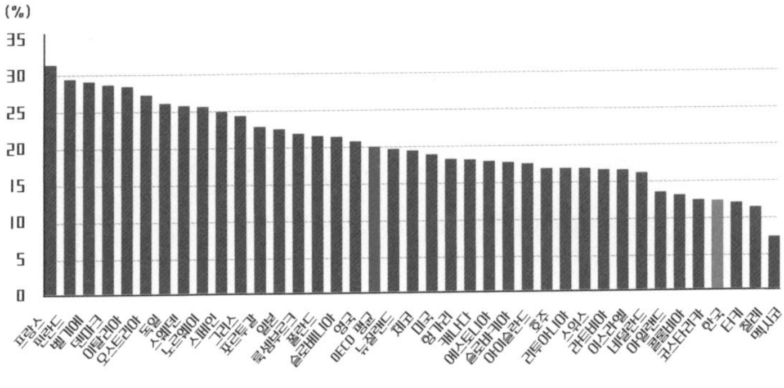

자료: OECD 공공 사회 복지 지출 통계(SOCX)를 토대로 국회예산정책처 정리

있다."라고 본 것이죠. 이 보고서에서 우리는 복지란 사람들이 평생에 걸쳐 매일같이 하는 '노동'에 대한 존중에서 시작된다는 점을 배울 수 있어요.

그런데 우리 사회에는 여전히 노동 인권과 복지의 사각지대에 놓인 사람이 많습니다. 2019년 기준 우리나라의 명목 GDP 대비 공공 사회 복지 지출 규모는 OECD 평균인 20.0%보다 7.8%p나 낮은 12.2%입니다. 이는 비교 대상 31개 나라 중 28위에 해당하는 수치인데요.[15] 〈세계 행복 보고서〉에서도 한국은 62위에 머물렀어요.

이 책의 첫 장을 열면서 우리는 "인간은 왜 노동을 하는가?" 물었습니다. 그리고 이제 우리는 "왜 국가와 사회가 노동 존중을 위해 노력해야 하는가?"에 대한 질문에 이르렀습니다. 이 모든 질문에 대한 답은 "인간에 대한 존엄을 지키기 위해서."라고 할 수 있습니다. 이 정신은 우리나라의 최고 법인 헌법에서 분명하게 찾아볼 수 있습니다. 헌법 제10조에는 "모든 국민은 인간으로서의 존엄과 가치를 가지며, 행복을 추구할 권리를 가진다. 국가는 개인이 가지는 불가침의 기본적 인권을 확인하고 이를 보장할 의무를 진다."라고 되어 있어요.

노동하는 모든 국민이 인권과 존엄성, 행복추구권을 보장받는 길은 노동에 대한 존중에서 시작되지 않을까요. 1장에서 봤듯이, 노동은 인간의 가장 본질적인 행위이고 누구나의 삶에서 반드시 이뤄지는 일이기 때문이죠. 현대 사회는 신분제의 차별에서 벗어났지만, 이것이 사람들에게 완전한 자유를 가져다준 것은 아니었어요. 오히려 자본주의 사회에서 사람들은 경제적 부자유를 겪게 됐지요. 이러한 경제적 부자유에서 벗어나 사람들이 진정한 자유와 평등을 누리려면 노동에 대한 존중이 밑바탕이 되어야 해요.

지금까지 노동의 여러 면모와 문제를 하나하나 살펴봤습니다. 노동 시간의 변화, 노동 시장의 유연화와 다양한 노동 형태, 소수자의 노동, 그림자 노동(무급 노동) 등 우리 사회의 노동이 어떤 얼굴을 하고 있는지 둘러보았는데, 어떤가요? 노동이 마음에 들어오면 세상이 거꾸로 보이기 시작할 거예요. 내가 쾌적하게 생활

할 수 있게 해 주는 가족들의 가사 노동, 백화점의 화려함 뒤에서 쉴 새 없이 움직인 청소 노동자의 걸레질, 따뜻한 음식을 집으로 가져다주는 배달 노동자의 거칠어진 손이 보입니다. 지금도 그들은 보이지 않는 곳에서 땀 흘리며 노동하고 있습니다. 그리고 그 덕분에 우리는 오늘도 무사히 일과를 마칠 수 있는 것이죠.

우리는 서로서로의 노동에 기대어 살아갑니다. 그 사실을 잊지 않고 노동에 대한 존중을 마음에 새기며 우리의 생각과 사회의 제도, 문화를 바꾸어 가면 좋겠습니다. 노동하는 사람 모두가 자신의 노동에 자부심을 느끼고 행복하게 사는 세상, 누구나 인간다운 삶을 누리는 세상이 되길 희망합니다.

어린이날은 원래 5월 1일 '노동절'이었다고요?

'어린이'라는 말은 아동 문학가 소파 방정환 선생(1899~1931)이 처음 사용했습니다. 1900년대 초만 해도 어린이를 부를 때는 '어른'에 대한 상대어로 '애녀석' '아해놈' 등의 단어를 사용했어요. 그런데 방정환 선생이 아이들도 독립적인 인격체로 대우하자는 의미를 담아 '어린 사람'이라는 뜻의 '어린이'라는 말을 사용하자고 제안했습니다.

1921년, 방정환 선생님은 "씩씩하고 참된 소년이 됩시다. 그리고 늘 서로 사랑하며 도와 갑시다."라는 표어로 소년 운동을 시작했습니다. 2년 후인 1923년 5월 1일이 첫 번째 어린이날로 지정되었고요. 방정환 선생의 뜻을 이어 어린이의 인격을 소중히 여기고 어린이의 행복을 도모하고자 '마음껏 노는 날'로 이 기념일을 제정한 것이죠.[16]

그런데 첫 번째 어린이날이 5월 5일이 아니라 5월 1일이네요? 5월 1일은 '노동자의 날'로 흔히 노동절(메이데이)이라고 합니다. 방정환 선생은 어린이 인권 존중, 외부 압박으로부터 해방이라는 소년 운동의 의미를 살리고자 일부러 노동절을 택했다고 하네요. '압제로부터 해방'을 의미하는 서구 '노동절'의 전통과 어린이 해방의 정신이 맞닿는 지점이 있다고 생각했던 거죠.

그러다 어린이날이 5월 5일로 날짜가 바뀐 것은 광복 후 첫 기념일인 1946년부터였다고 하는데요. 1928년부터 5월의 첫 번째 일요일을 어린이날로 삼기로 했는데요. 1946년 5월의 첫 일요일이 5일이었고, 당시가 좌(사회주의)와 우(자본주의)의 이념 대립이 심했던 때라 어린이날만이라도 극심하던 이념 대결에서 벗어난 날로 변경하기로 했다는 이야기가 있습니다. 또 한편으로는 당시 좌익 진영이 어린이날의 '특별한 진보적 의미'를 감안해, 사회주의의 최고 사상가인 카를 마르크스의 생일인 5월 5일로 정했다는 이야기도 있네요.[17]

어린이날과 노동, 얼핏 보면 전혀 관련이 없어 보입니다. 그러나 앞서 살펴본, 아동과 청소년이 가혹한 노동에 시달리며 인권을 침해당한 역사를 떠올려 보세요. '어린이'라는 말이 담고 있는 의미와 어린이날을 만든 취지가 모두의 인간다운 삶을 보장하는 '노동 인권'과 만나는 걸 확인할 수 있을 겁니다. 어린이와 노동자가 밝고 씩씩하게 살아 나가는 사회, 사람들이 서로를 존중하며 돕는 사회를 함께 그려 가면 좋겠습니다.

주

STAGE 1 노동 없는 오늘은 없습니다

1 한국민족문화대백과, '노동'.

2 한나 아렌트, 《인간의 조건》, 이진우 옮김, 한길사, 2019, 120쪽.

3 카를 마르크스, 《자본론 Ⅰ(상)》, 김수행 옮김, 비봉출판사, 2015, 223쪽.

4 〈서울 25평 아파트 구입, 월급 전부 모아도 36년 소요〉, 《YTN》, 2021. 1. 14.

STAGE 2 워라밸, 노동자 혼자 만드는 것이 아닙니다

1 (사)한국여성연구소 엮음, 《젠더와 사회》, 동녘, 2014, 346쪽.

2 통계청, 〈경제활동인구조사〉.

3 통계청, 〈2019 육아휴직통계 결과〉.

4 고용노동부, 〈직장 내 괴롭힘 판단 및 예방 대응 매뉴얼〉.

5 박점규, 《직장 갑질에서 살아남기》, 한겨레출판, 2020, 124쪽.

STAGE 3 일할 권리, 일하지 않을 권리

1 고용노동부, 〈연소근로자 고용 사업주를 위한 근로기준 안내서〉.

2 〈과로에 월급 떼여도 퇴직마저 힘겨운 '이상한 나라의 노동자' 아이돌〉, 《경향신문》, 2020. 10. 23.

3 조영래, 《전태일 평전》, 아름다운전태일, 2020, 107~109쪽의 내용을 요약 및 재구성함.

4 신순애, 《열세 살 여공의 삶》, 한겨레출판, 2014,114쪽.

5 고병권, 《공포의 집》, 천년의상상, 2019, 146~148쪽.

6 프리드리히 엥겔스, 《영국 노동계급의 상황》, 이재만 옮김, 라티오, 2014, 302쪽.

7 통계청·여성가족부, 〈2020 청소년 통계〉.

8 광주광역시교육청·광주광역시청, 〈2020 청소년 노동인권 의식 및 실태 조사〉, 2020, 93쪽.

9 김종하, 〈특성화고 현장실습의 현실과 개선방향〉, 《2017 국가인권위원회 인권 논문 수상집》.

10 위의 논문.

STAGE 4 경제 규모 세계 10위, 산업 재해 사망률 1위?

1 〈새벽 청소차 들이받은 만취 차량… 환경미화원 참변〉, 《중앙일보》, 2020. 11. 6.

2 〈새벽에 일하다 청소차 회전판에 '팔 절단'된 환경미화원〉, 《연합뉴스》, 2019. 2. 8.

3 고용노동부, 〈산업재해 현황분석〉.

4 〈EU, 산재 사망 노동자 10만 명당 2.2명꼴… 네덜란드 0.7명 최소〉, 《매일경제》, 2019. 4. 29.

5 〈대한민국 직장인, OECD 평균 수면 시간보다 2시간 16분 부족〉, 《데이터솜》, 2020. 1. 9.

6 〈올해만 4조 원 전망… 새해 벽두부터 뜨거워진 '새벽배송'〉, 《헤럴드경제》, 2021. 1. 13.

7 고용노동부, 〈연장·야간 및 휴일근로 등 과중 업무 수행 근로자 관리방안〉, 2011. 9.

8 이승렬, 〈통계로 본 야간노동: 밤 근무, 생활, 그리고 건강〉, 《노동리뷰》, 2020년 5월호.

9 〈일본 청소차는 낮일… 한국은 왜 밤에 할까〉, 《한겨레》, 2016. 9. 6.

STAGE 5 일할 수 없는 사람들

1 보건복지부·한국보건사회연구원, 〈2020년 장애인 실태조사〉.

2 국립특수교육원, 〈2020 장애대학생 교육복지지원 실태평가〉, 2021. 2. 9.

3 〈사람들이 싫어한다고 해고당했어요〉, 《한겨레》, 2019. 9. 27.

4 〈"카페에서 주문 못하겠어요" 오프라인 어려워하는 2030〉, 《아시아경제》, 2020. 1. 11.

5 〈장애인 10명 중 9명은 '후천적 장애인'… 누구나 장애인 될 수 있어〉, 《경향신문》, 2018. 4. 19.

6 〈노년의 삶 파괴하는 가난은 국민연금 사각지대를 노린다〉, 《한겨레》, 2020. 9. 8

7 강은나 외, 〈2017 노인일자리 정책효과 분석 연구〉, 한국노인인력개발원, 한국보건사회연구원.

8 〈요즘같이 추운 날, 빅이슈 한 권 어떠세요?〉, 《아트인사이트》, 2017. 12. 6.

STAGE 6 좋은 일자리와 꺼려지는 일자리

1 〈학업 스트레스에 죽고 싶다는 청소년들… 행복도 OECD '꼴찌'〉, 《뉴스퀘스트》, 2019. 12. 24.

2 〈작년 대졸자 취업률 67.1%… 5명 중 1명은 1년 안에 이직해〉, 《중앙일보》, 2020. 12. 28.

3 〈명문대 경영학과도 취업난… SKY 로스쿨 절반이 상경계〉, 《매일경제》, 2017. 11. 13.

4 교육부, 〈경제협력개발기구(OECD) 2020년 교육 지표〉 결과 발표.

5 이레이버 실용노동사전(elabor.co.kr/dic/), '정규직근로자'.

6 통계청, 〈2020년 8월 경제활동인구조사 근로형태별 부가조사 결과〉.

7 요코타 노부코, 《한국 노동시장의 해부》, 그린비, 2020, 7쪽.

8 통계청, 〈2020년 8월 경제활동인구조사 근로형태별 부가조사 결과〉.

9 고용노동부, 〈2019년 6월 기준 고용형태별 근로실태 조사〉.

10 〈임금 근로자 중 대기업 정규직은 11%뿐… 한은 "노동시장 양극화가 경제성장 저해"〉, 《한국일보》, 2018. 11. 4.

11 한경닷컴 경제용어사전(https://dic.hankyung.com/), '기간제법'.

12 〈탐욕이 빚은 세상 '비정규직', 말 한마디로 바뀌랴〉, 《더스쿠프》, 2020. 7. 13.

13 〈'비닐하우스 숙소'에서, 귀국 20일 앞둔 이주노동자 싸늘히 식었다〉, 《한겨레》, 2020. 12. 24.

14 통계청, 〈2020 청소년 통계〉.

STAGE 7 나의 희망 직업이 사라질 수도 있다고요?

1 〈4차 산업혁명, 일자리 47% 없애지만 새 일자리도 만들어〉, 《연합뉴스》, 2016. 10. 28.

2 〈출생자보다 사망자가 많은 데드크로스 시대, 이제는 로봇이 돌봐드립니다〉, 《로봇신문》, 2021. 3. 12.

3 〈건강·삶의 만족도는 향상됐지만, 기대했던 고용효과 제한적〉, 《한겨레》, 2021. 3. 10.

4 이건민, 〈기본소득 해외 동향〉, 《기본소득》, 2019년 가을호, 68쪽.

STAGE 8 노동하는 사람들이 행복한 나라

1 〈1996년 12월 26일: 96-97년 노동법 개악 저지 대투쟁〉, 노동사회과학연구소(http://lodong.org/wp/archives/7553).

2 〈한국, 노조 조직·단협적용률 OECD 최하위… 임금불평등 원인〉, 《파이낸셜뉴스》, 2019. 3.19.

3 〈민주노총 2년째 제1노총 지위… 지난해 노조 조직률 12.5%〉, 《한겨레》, 2020. 12. 29.

4 요코타 노부코, 《한국 노동시장의 해부》, 그린비, 2020, 242쪽.

5 〈특수고용노동자 노조 설립, 이제 시작이다〉, 《참여와혁신》, 2018. 6.18.

6 고용노동부, 〈고용형태별 근로실태조사〉.

7 전국경제인연합회 중소기업협력센터, 〈2018년 중소·중견기업의 채용계획 및 중장년 채용인식 실태조사〉.

8 통계청, 〈2018년 기준 중·장년층 행정 통계 결과〉.

9 오연호, 《우리도 행복할 수 있을까?》, 오마이북, 2014, 74~79쪽.

10 〈자살 사망자 4명 중 1명은 생활고 비관〉, 《YTN》, 2020. 12. 21.

11 〈50명 대 1억 6500만 명: 미국의 어마어마한 빈부 격차를 보여주는 통계가 나왔다〉, 《허핑턴포스트》, 2020. 11. 14.

12 〈유엔이 미국의 빈곤에 관하여 충격적인 사실을 폭로하다〉, 《IDN-InDepth News》, 2018. 1. 28. (https://www.sdgsforall.net/index.php/languages/korean/558-529-un-expert-reveals-shocking-facts-about-poverty-in-the-u-s)

13 〈'이혼율 증가' '월요병' 주5일제 도입 반대 주장 봤더니〉, 《미디어오늘》, 2021. 1. 23.

14 〈https://worldhappiness.report〉.

15 〈우리나라 사회복지지출 수준, OECD 바닥권〉, 《노컷뉴스》, 2021. 4. 1.

16 〈어린이날의 역사와 의미를 알아보자〉, 교육부 공식 블로그, 2020. 5. 5.

17 〈5월 5일이 어린이날 된 숨겨진 이유〉, 《주간동아》, 2018. 4. 17.

이미지 출처

16쪽 셔터스톡

32쪽 셔터스톡

49쪽 《노동자 연대》 신문(wspaper.org)

68쪽 RBW 엔터테인먼트

72쪽 서울역사박물관 소장(노무라 모토유키 기증)

74쪽 National Child Labor Committee Collection

87쪽 연합뉴스

99쪽 셔터스톡

101쪽 양천구청

123쪽 인천시청

144쪽 연합뉴스

157쪽 Sikander Iqbal

159쪽 셔터스톡

166쪽 Generation Grundeinkommen(Flickr)

176쪽 금속노조

178쪽 연합뉴스

일하는 삶이 궁금한 너에게

1판 1쇄 발행일 2021년 7월 26일
1판 4쇄 발행일 2024년 5월 13일

지은이 김동희 서재민

발행인 김학원
발행처 (주)휴머니스트출판그룹
출판등록 제313-2007-000007호(2007년 1월 5일)
주소 (03991) 서울시 마포구 동교로23길 76(연남동)
전화 02-335-4422 **팩스** 02-334-3427
저자·독자 서비스 humanist@humanistbooks.com
홈페이지 www.humanistbooks.com
유튜브 youtube.com/user/humanistma **포스트** post.naver.com/hmcv
페이스북 facebook.com/hmcv2001 **인스타그램** @humanist_insta

편집주간 황서현 **편집** 이여경 남미은 **디자인** 유주현
조판 이희수 com. **용지** 화인페이퍼 **인쇄·제본** 정민문화사

ISBN 979-11-6080-669-4 43300